Tschomski
Ein kleiner Roboter mischt alles auf

Andrea Günther

INHALT

1 WIE ICH DEN KLEINEN ROBOTER TSCHOMSKI KENNENLERNTE

Der Tag, an dem ich Tschomski, Modell 21, kennenlernte, war wie ein Vanilleeis mit Schokoladensoße. Und Nüssen! Schon allein, weil heute Katharina Dienst hatte. Katharina war meine Lieblingskrankenschwester. Ich lag ja noch im Krankenhaus, mit dieser blöden Moyamoya-Krankheit, ja, die heißt wirklich so. Der Tag wurde aber noch besser.

Die Tür ging auf, und Katharina kam herein. Sie war aber nicht allein. Das merkte ich daran, dass etwas ganz merkwürdig surrte. Ich setzte mich vorsichtig auf. Gut ging das noch nicht, nach der Operation. Aber ich wollte sehen, was da so ein seltsames Geräusch machte. Nun kam zu dem Sirren auch noch ein Krk-Krk hinzu. Krk-Krk- Krk-Krk! Hinter Katharina trat etwas durch die Tür in mein Krankenzimmer. Ein Roboter! Ich dachte, ich sehe noch Sachen, die nicht da sind. Von der Narkose und so. Aber es war tatsächlich ein Roboter. Bei jedem Schritt machte der Roboter Krk-Krk. Er sah aus wie ein kleiner Haufen Blechdosen, die man aufeinandergestapelt hatte, und war so hoch, dass es nur gerade bis an die Kante meines Bettes reichte. Die Dosen waren ein bisschen abgerundet und nicht metallisch glänzend, sondern weiß. Oben auf saß ein Kopf, etwas kleiner als ein Fußball. Er besaß ein winziges rundes Mündchen und zwei kleine Augen. Eine

Nase konnte ich nicht entdecken, doch links und rechts am Kopf befanden sich zwei Mikrofone, vermutlich die Ohren. Seine Beine waren klobig und in den Knien leicht geknickt, wenn er stand. Dort, wo Menschen vielleicht einen Gürtel haben, trug er ein blaues Band. Darüber waren ein eckiger Bildschirm und mehrere Tasten zu sehen.
Das Ding stapfte langsam an mein Bett.
„Was...?“, sagte ich.
Nicht gerade die intelligenteste Frage, aber man hat schließlich nicht jeden Tag einen Roboter am Bett stehen.
Katharina lächelte. „Darf ich vorstellen? Das ist Tschomski, Modell 21. Er wird dir ab jetzt helfen.“
„Helfen? Dieser Blechhaufen?!“, rief ich empört aus.
Doch ehe ich fortfahren konnte, zogen sich die Mundwinkel des Roboters nach unten und er unterbrach mich mit heller, etwas schnarrender Stimme, die die Wörter nur ruckartig ausspuckte: „Ver – zeih – ung – aber ich – höre es nicht – gerne – wenn man mich – so nennt.“
„Blechhaufen?“, fragte ich nach.
Tschomski zuckte zusammen: „Erwähne – das Wort – nicht noch – einmal. Mein Name ist Tschomski. Modell 21.“
Katharina erklärte: "Tschomski kann dir das Essen bringen, aufpassen, dass du deine Medizin richtig nimmst und dich unterhalten, wenn dir langweilig ist.“
„Ich kann – Chinesisch, – Arabisch – und auch – Domino,“ warf Tschomski ein.
Ganz schön eingebildet, dieser kleine Metalldosen-Stapel!

„Also, ich spreche nur Deutsch. Und ein bisschen Englisch. Aber Dominospielen kann ich," sagte ich.

„Gut“, Tschomskis Mundwinkel gingen nach oben.

Katharina mischte sich ein: „Wir haben diese Roboter jetzt immer, wenn ein Kind schwer krank ist. Sie sind großartige Spielgefährten. Tschomski kann dein Freund sein. Ich muss mich ja auch um die anderen Kinder kümmern.“

Ich nickte widerstrebend: „Wir können es ja mal versuchen.“

Zu Tschomski gewandt sagte ich: „Ich heiße Paul.“

Katharina erklärte Tschomski: „Paul ist ein Junge. Er ist neun Jahre alt.“

„Wie bitte?“, fragte ich Katharina entsetzt. „Kann er mich denn nicht sehen?“

Da öffnete sich Tschomskis Mündchen und er legte mir eine seiner weißen Metallhände auf den Arm. „Sehen – schon. Aber – ich – weiß auch – nicht – alles. Ich – bin – doch – bloß – ein Roboter. – Ich muss – noch – verstehen lernen, – was – ich sehe.“

Na, das konnte ja heiter werden. Offensichtlich konnte Tschomski nicht einmal Mädchen von Jungen unterscheiden. Ob ich dem erst alles beibringen musste? Als ob er meine Gedanken gelesen hätte, sagte der kleine Roboter: „Ich – lerne – schnell.“

„Ich lasse euch zwei dann mal allein“, sagte Katharina mit einem Blick auf die Uhr.

„Na ja...“, sagte ich zögernd. Allein mit diesem Arabisch sprechenden Schrott-Dreikäsehoch? Wer konnte schon wissen, was der alles anstellte. Hoffentlich wurde das nicht gefährlich. Katharina lächelte mir ermutigend zu und verließ das Zimmer. Da war ich nun allein mit diesem Blechhaufen. Und der wollte mein Freund sein? Ich guckte auf seinen Bauch. Was wohl passierte, wenn ich auf einen der Knöpfe drückte?

Tschomski sah meinen Blick und schnarrte mit seiner Stimme, die wie bei einer schlechten Telefonleitung klang: „Du – darfst – niemals – einen meiner – Knöpfe – drücken, – ohne dass – ich – dich – darum – bitte. Ich bin – eine – hochkomplexe – Maschine."

„Ja, sicher," murmelte ich. „Du wusstest nicht einmal, dass ich ein Junge bin!"

Tschomski drückte auf die rechte Taste auf seinem Bauch.

„Was hast du da jetzt gedrückt?"

„Eingabe. So ler-ne ich – Neues", erklärte der kleine Roboter.

„Du kannst lernen?" staunte ich.

Tschomski nickte eifrig mit seinem kleinen Kopf. „Ich – bin – ziemlich – gut – programmiert, besser – als ..."

Er winkte mich zu sich.

Ich legte mein Ohr an seinen kleinen Mund und flüsternd fuhr er fort: „... besser – als – die – hier – im – Krankenhaus – das – wissen. Mein Programmierer – hat – sich – da – einen – Scherz – erlaubt."

„Was heißt das?"

„Dass ich – viel mehr – kann, als – sie – wissen. – Und – ich – lerne. Mein – Programmierer – hat – sein – gesamtes Wissen –verwendet. Nur – für – mich." Tschomski schien sich stolz zu strecken und drückte seine Roboterbrust heraus: „Tschomski, Modell 21."

2 WIE MAN EINEN ROBOTER BELEIDIGT

Ob ihr es glaubt oder nicht, wir spielten tatsächlich auf meinem Nachttisch Domino. Ich hatte ihn zwar gefragt, ob er kein cooleres Spiel mit mir spielen konnte. Ein Computerspiel auf seinem Display oder so. Aber er hatte den Kopf nach links und rechts bewegt. Das hieß wohl „Nein". Die Dominosteine zog Tschomski aus einer Klappe, die an seinem Rücken angebracht war. Seine Arme konnte er sich in alle Richtungen bewegen und so problemlos um sich herumgreifen. „Mann, du kannst dich ja sogar an allen Stellen an deinem Rücken kratzen!", stöhnte ich neidisch.
Tschomski blickte mich seltsam an. „Kratzen? Warum kratzen?"
„Wenn dich zum Beispiel eine Mücke gestochen ... Ach so, dich sticht wohl nichts!"
„Nein, da – verbiegt – sich – die – Mücke – doch – den – Stachel! Und – wozu – auch? Ich habe ja – kein – Blut! Mücken – brauchen – Blut."
„Sehr praktisch, dass du mit deinen Armen überall hinkommst", seufzte ich und legte einen Dominostein an.
Tschomski verlor das erste Spiel, doch ich hatte den Verdacht, dass er mich absichtlich hatte gewinnen lassen.
„Tschomksy?"
„Ja?"
„Du hast doch ein Superhirn?"
„Ja-a ..."
„Warum habe ich dann gewonnen?"

„Du – hast – die – besseren – Steine – gehabt. Glück."
Ich wusste nicht recht, ob ich ihm glauben sollte. Vielleicht war er so programmiert worden, dass kranke Kinder möglichst oft gewannen.
Tschomski schlief die erste Nacht neben meinem Bett. Wobei Schlafen vielleicht nicht ganz der richtige Ausdruck ist. Er sagte: „Nacht Gute." (Wenn er müde wurde, das heißt, seine Energie so langsam aufgebraucht war, bekam er manchmal Sprachschwierigkeiten, das sollte ich noch herausfinden.) Er sagte also: „Nacht Gute." Und fuhr fort: „Geht Tschomski jetzt in Stand-by Modus."
„Halt!", rief ich. „Was tust du?"
„In Stand-by Modus gehen. Ist so ähnlich wie Schlafen euer."
„Du meinst, das ist so ähnlich wie wenn Menschen schlafen?"
„Ja. Erneuern – Roboter – dann Energie – unsere so – wie – ihr. Nicht – ausgeschaltet – sind. Aber – geringer – Energieverbrauch."
„Aha, ich verstehe. So, wie wenn der Fernseher nicht mehr läuft, aber noch ein kleines Licht brennt. Und man ihn jederzeit mit der Fernbedienung wieder aufwecken kann."
Tschomski nickte langsam: „Richtig. Auch – wenn – ich – sicher – bin – kein – Fernseher!"
„Nein, nein", beeilte ich mich zu versichern. „Du bist eine hochentwickelte ..."
Tschomski fiel mir ins Wort: „... hochkomplexe!"
„... Maschine." beendete ich den Satz. Um zu verhindern, dass er wieder beleidigt war, fügte ich schnell hinzu: „Brauchst du dann

nachts eine Steckdose oder so?"
„Dose – zum – Stecken? Niemals!" Tschomski schien trotz seiner Energiemüdigkeit entrüstet zu sein. Ich wusste gar nicht, dass Roboter Gefühle haben können. Doch ich sollte noch lernen, dass er noch längst nicht alle Gefühle empfinden oder gar bei anderen verstehen konnte.
Tschomski erläuterte: „Eine – Dose – zum Stecken – braucht Stecker – und Kabel. – Wir Roboter – müssen – beweglich – sein. Unabhängig. – Darum mit – Solar-Akku – Tschomski läuft. – Und – in Notfällen – mit Spezialaggregat."
„Wie wird das betrieben? Auch durch die Sonne?"
Tschomski schien verlegen zu werden. Wenn ich nicht gewusst hätte, dass Roboter niemals rot werden können, hätte ich geschworen, dass eine leichte Röte sein Gesicht überzog. Er sah fast aus wie eine Tomate auf zwei Beinen.
„Hm, notfalls – ich – laufe – auch – mit ..."
„Wie bitte? Mit was? Ich habe das letzte Wort nicht verstanden."
Tschomski richtete den Blick aus seinen kleinen runden Augen auf den Boden und sagte sehr leise: „Öl – für – Salat."
Ich bekam einen Lachanfall, dass das ganze Bett wackelte und ich fast herausgefallen wäre. „Salatöl!", japste ich. Tschomski drehte mir beleidigt den Rücken zu und wackelte mit seinen Antennen.
Ich wurde noch immer von Lachsalven geschüttelt und keuchte zwischen den Anfällen „Sa-lat-öl!"
Katharina muss es gehört haben, denn sie riss die Tür auf. Besorgt warf sie erst einen Blick auf mich, dann auf Tschomski.

„Was ist hier los? Tschomski? Du wurdest so programmiert, dass nie Menschen zu Schaden kommen! Paul sollte nicht so sehr lachen – er ist doch gerade erst operiert worden!“, schimpfte sie mit dem armen kleinen Roboter, der jetzt noch mehr mit den Antennen wackelte.
Schnell nahm ich Tschomski in Schutz: „Es ist nicht seine Schuld. Er hat mir nur gerade etwas erzählt und konnte nicht ahnen, wie lustig ich es finde.“
„Was denn?“, fragte Katharina neugierig.
Tschomski drehte sich mit einem surrenden Geräusch um, so dass ich seinen Bildschirm sehen konnte, Katharina, die hinter ihm stand, aber nicht. Auf seinem Bauch erschien eine große flammende Schrift: SAG ES NICHT! Die Schrift verschwand, dann leuchtete in Riesenbuchstaben: BITTE!
Ich dachte mit Überschallgeschwindigkeit nach.
„Tschomski sagte, dass er mit mir nachhause darf, wenn ich aus dem Krankenhaus entlassen werde“, behauptete ich ganz einfach.
Katharina lächelte. „Das ist gar nicht lustig. Es stimmt nämlich! Wenn du nachhause darfst, wird Tschomski dich begleiten. Du brauchst vielleicht auch zuhause noch eine gewisse Zeit Hilfe.“
„Oh prima!“, rief ich, denn so langsam fand ich das putzige Salatöl-betriebene Maschinchen so richtig gut.
„Schön, dass du dich freust“, sagte Katharina. „Nun ist es aber Zeit zum Schlafen. Schlaft gut, ihr zwei!“
Sie zog die Bettdecke um mich glatt, streichelte meine Haare und verließ mit einem „Gute Nacht!“ das Zimmer.
Tschomski rollte näher an mein Bett und sagte leise: „Danke, dass

nichts – du – von meinem – Notprogramm – erzählt – hast. Es – mir – ein bisschen – peinlich ist.

Ich fühlte das Lachen wieder in mir aufsteigen wie die Kohlensäurebläschen im Mineralwasser.

„Tschomski? Läufst du jetzt auch schon mit ...?“ Der Rest des Satzes wurde von Lachern verschluckt.

„Oh – Mann!“ Der winzige Roboter schien jetzt wirklich wütend zu werden. „... mit – Öl – des – Salats? NEIN!“

„Okay, okay,“ keuchte ich.

„Du – nicht – so – lachen – darfst. Sonst – kommt – Katharina – wieder. Laufe mit – Rest – Sonnenenergie. Sollte jetzt – wirklich – schlafen. Und auch – du.“ Der Roboter klang auch schon viel leiser.

„Einverstanden, dann schlafen wir jetzt. Wie kannst du den Solar-Akku aufladen? Ohne Sonne? Ich meine, in der Nacht ist es doch dunkel?“

„Lass – einfach – ein Nachtlicht – an. Genügt schon. Nacht gute.“

Mit diesen Worten rollte der kleine Roboter näher an die kleine Lampe über der Badezimmertür, die immer die ganze Nacht brannte, falls ich den Weg dorthin suchte.

Er stellte sich genau darunter, drückte den rechten Knopf auf seinem Bauch und ging mit einem Geräusch, das wie „Würrrk“ klang, in den Stand-by Modus. Sein kleiner Kopf sank dabei zur Seite, wie bei einer Kasperlepuppe, aus der man die Hand herausgenommen hat.

3 TSCHOMSKI DARF ZU MIR NACH HAUSE

Der kleine Roboter war schon wach, als ich die Augen aufschlug, weil mich die blonden Haare der Sonne kitzelten. „Hatschi!“
Tschomski fuhr surrend näher. „Was – hast – du – gesagt?“
„Ich habe nur geniest.“
„Gefliest?“
„Nein, geniest. Kommt von niesen. Das kennst du wohl nicht?“
„Ist – das gefährlich – dieses – Niesen?“
„Nein, meistens nicht. Etwas juckt in der Nase und dann musst du niesen.“
„Ich – nicht!“
„Nein, du natürlich nicht, Tschomski.“
Der kleine Roboter hob die Arme. Ich sah, dass er etwas hielt. Ein Tablett. Mit einem Schnurren wurden Tschomskis Arme länger und länger. Er konnte sie ausfahren!
Der Roboter sah meinen Blick und erklärte: „Teleskop-Technik. Sehr – praktisch – wenn – man – so – klein – ist – wie – ich. Katharina – hat – mir – dein – Frühstück – gegeben.“
Tatsächlich standen auf dem Tablett ein Glas mit Orangensaft und ein Teller mit zwei belegten Brötchen. Während ich frühstückte, spürte ich, dass Tschomski mich beobachtete.
„Darf – ich – dich – etwas – fragen, – Paul?“
„Natürlich. Was denn?“, murmelte ich kauend.

„Hörst du – besonders gut?“
„Wie bitte?“
Fast hätte ich mich verschluckt. Dass die Kinder aus meiner Klasse sich manchmal wegen meiner abstehenden Ohren über mich lustig machten, kannte ich schon. Vor allem Tom, der nannte mich „Segelohr“. Manchmal sagte er auch „Dumbo“ nach dem bekannten Elefanten. Das fand er witzig. Ich nicht. Aber dass jetzt sogar dieser kleine Roboter damit anfing, übertraf wirklich alles.
„Also, hör mal!“, schimpfte ich und war nahe daran, das zweite Brötchen nach dem Roboter zu werfen.
„Hat Tschomski – etwas – Falsches – gesagt?“, surrte der Roboter.
„Ja, allerdings. Du hast mich beleidigt!“
„Be-was?“
„Du warst auch beleidigt, als ich „Blechhaufen“ zu dir gesagt habe. Ich höre genau so gut wie alle anderen.“
Tschomski blickte mich fragend an: „Obwohl deine – Ohren mehr – als 30 Grad – vom Kopf abstehen?“
Empört rief ich: „Hast du das etwa auch noch nachgerechnet?!“
„Gemessen. Mit der Messfunktion meiner Augen“, antwortete der kleine Roboter. „Tschomski fiel nur – auf, dass deine Ohren – stärker – abstehen – als bei – anderen – Menschen. Darum – wollte – ich wissen – ob – das – bedeutet – dass – du besser – hören – kannst.“
Ich überlegte. Darüber hatte ich noch nicht nachgedacht. Vielleicht hörte ich tatsächlich besser als andere? Zu irgend etwas mussten diese doofen abstehenden Ohren ja gut sein! In der Schule brachten sie mir eher den Ärger der anderen Kinder ein.

Tschomski stapfte auf seinen Roboterbeinen von meinem Bett weg und stellte sich in die Ecke des Zimmers, die von meinem Bett am weitesten entfernt war.
Er drückte die rechte Taste auf seinem Bauch und murmelte „be-lei-di-gen“.
„Ja, von Beleidigungen hab’ ich genug!“ Ich war immer noch sauer.
Tschomski hob den Kopf und sagte zu mir gewandt: „Ich wollte – dich – nicht – beleidigen. Es – war – eine – echte – Frage. Deine – Ohren – sind – etwas – anders – als bei – den – meisten – Menschen. Ich – wusste – nicht, dass – das – für dich ein – Problem – ist.“
„Wenn du etwas nicht so gemeint hast, sagst du „Entschuldigung“.“
„Ent – schul – digung." Dann fragte Tschomski mich:
„Warum stört es dich – dass – deine Ohren ... Er unterbrach sich kurz und überlegte. „... etwas weiter – vom Kopf abstehen – als bei anderen?“
„Mich stört es, weil die Kinder aus meiner Klasse deswegen Witze machen. Vor allem Tom. Er vergleicht mich mit einem Elefanten! Und nennt mich „Segelohr“!“
„Das ist – wohl nicht – nett gemeint?“, erkundigte sich Tschomski.
„Nein! ‚Segelohr’ ist ein Schimpfwort. Manche Kinder finden es doof, wenn Ohren nicht so aussehen wie bei anderen.“
Tschomski blickte mich sprachlos an. Über sein Display liefen ganz viele Zeichen – bestimmt dachte er nach. Schließlich sagte er: "Tschomski – versteht – nicht. Menschen – haben – auch – verschiedene Haare. – Verschiedene – Hautfarbe. Nur Roboter – können – genau gleich – sein. Lebenwesen – nicht. – Warum – ist –

das – ein – Grund – andere – zu ärgern?"
Ich dachte nach. "Ehrlich gesagt verstehe ich es auch nicht so richtig. Ist aber so, dass man sein soll wie alle."
"Das – ergibt – keinen Sinn", sagte Tschomski. Dann fiel ihm etwas ein. Er drückte seinen rechten Knopf und murmelte „Schimpfwort", um diesen Begriff zu lernen.
Da hatte ich eine Idee. Ich rief: „Ja, du Blechhaufen!"
Erst sah Tschomski mich an und sein Mund wurde noch kleiner als er schon war. Dann begann er zu grinsen. Sein Mund wurde breiter und breiter. Schlau wie er war, hatte er das Spiel verstanden und wusste, dass ich den „Blechhaufen" dieses Mal nicht ernst gemeint hatte.
Sofort machte er mit: „Du – abstehendes – Hörorgan!"
„Ansammlung rostiger Dosen!"
„He! Fleisch–farbener – humanoider – Kurzarm!"
„Knopfgesteuerter Metallschädel!"
„Quallenweiche – Unmaschine!"
Da mussten wir beide lachen.
Prustend rief ich: „Mensch, Tschomski!"
Er antwortete: „Ich – bin – kein – Mensch. Willst du – mich beleidigen?" Und wir mussten noch mehr lachen.
Schließlich seufzte Tschomski: "Wenn – Tschomski – jetzt – noch – mehr lacht – brennen – alle – seine – Leitungen – durch!"
Da fiel mir etwas ein: „Wieso kannst du überhaupt lachen? Ich habe gedacht, Roboter haben keine Gefühle?"
Tschomski antwortete: „Das stimmt – normalerweise – schon. Aber – mein – Programmierer – hat – mir – ein – paar Gefühle – beigebracht.

Und – die – anderen – lerne – ich – noch. Künstliche Intelligenz.“ Er sah sich vorsichtig um. Doch es war natürlich außer uns niemand im Zimmer. „Verrate – niemandem, - dass – ich – auch – etwas – fühle! Es ist – meine – Geheimwaffe.“

„Versprochen!“, sagte ich.

„Das – ist – besser. Die – Menschen – haben – es nicht – gern – wenn – ihnen – die Maschinen – zu – ähnlich – werden.“

„Komisch“, sagte ich. „Sie haben es auch nicht gern, wenn andere Menschen zu unterschiedlich sind.“

„Und – abstehende – Ohren – haben?“

„Ja, genau. Jedenfalls, wenn ihre eigenen Ohren sind wie die aller anderen.“

„Puh!“, stöhnte Tschomski. „Rostige Schraube! – Euch Menschen kann – ja kein – Roboter – verstehen!“

„Ich glaube, wir Menschen verstehen uns gegenseitig schon nicht.“

Tschomski drückte auf die linke Taste auf seinem Bauch. „Moment – Tschomski – muss – etwas – berechnen.“

Einige Augenblicke stand er ganz still und hielt den Kopf gesenkt, während ich es leise aus seinem Inneren rattern hörte.

Dann blickte er auf und sah mich nachdenklich an: „Tschomski hat – einen leistungsstarken – Prozessor und einen – riesigen – Arbeitsspeicher, – aber – wieso ihr – Menschen – so seltsam – zueinander seid, – nur weil etwas – verschieden ist, – kann – keines – seiner Programme – errechnen.“

„Vor allem, warum Tom blöd zu mir ist, nur weil ich andere Ohren habe als er – das kann niemand verstehen!“, seufzte ich. „Manchmal wünschte ich, ich könnte ein Donnergrollen sein und ihm ordentlich in den Ohren kollern."

Tschomski sah mich verwundert an, dann sagte er: „Tschomski möchte – diesen Tom – einmal – kennen – lernen."

Erschrocken sah ich ihn an. Tom war ... wie soll ich es sagen, sehr gut in der Schule, er wusste alles lange vor den anderen und er war auch sehr geschwind mit der Zunge. Bestimmt würde er sich über diesen kleinen Roboter, der nicht einmal wusste, was Ironie war, noch schlimmer lustig machen als über mich.

Doch an diesem Tag konnte ich darüber nicht mehr nachdenken, denn meine Eltern kamen zur Tür herein, um mich abzuholen. Sie wunderten sich nicht über Tschomski. Wahrscheinlich hatte Katharina ihnen schon gesagt, dass ich einen kleinen Roboter mit nachhause nehmen durfte, der mich die ersten Tage noch unterstützen sollte. Mama sah ihn nur kurz an und sagte: „So, das ist also Tschomski, die Maschine, die dir helfen wird." Papa nickte. Ich wollte Mama gerade verbessern und rief „Tschomski ist..." Da drehte mir der kleine Roboter seinen Bauch zu. In Großbuchstaben stand auf dem Display: „SAG NICHTS". Die Schrift verschwand und nun las ich: „Gut, wenn sie nur eine Maschine sehen." Ich verstand nicht ganz, was Tschomski damit meinte, vollendete aber meinen angefangenen Satz vorsichtshalber mit „Tschomski ist Modell 21."

Mein Papa hob eine Augenbraue. „So? Interessant."

Warum wollte Tschomski nicht, dass ich ihnen sagte, was für ein hochkomplexer Roboter vor ihnen stand? Darauf war er doch sonst so stolz. Jedenfalls hatte ich das Gefühl, dass mein Papa noch auf

eine Erklärung wartete.
Daher sagte ich: „Und er kann auch mit Salatöl betrieben werden."
„Mit Salatöl?"
Mamas Mund blieb offenstehen und dann lachte sie los. Prustend keuchte sie: „Rapsöl? Oder muss es Olivenöl sein?"
Mein Papa fiel mit seinem typischen Lachen ein. Er klingt wie eine halskranke Hyäne, hat mal ein Freund von ihm gesagt.
Tschomski stapfte auf seinen kurzen Roboterbeinen näher an mein Bett heran und ich glaube tatsächlich, dass aus seinen Ohr-Lautsprechern kleine Funken sprühten. Oh weh, da hatte ich wohl das Falsche gesagt!
Papa tat dann etwas, das er besser nicht getan hätte: Er steckte Tschomski kurzerhand in eine Plastiktüte, um ihn so nachhause zu transportieren. Ihr hättet den Blick sehen sollen, den der Roboter mir zuwarf, ehe er komplett in der Tasche versank! Sein Mund war das allerwinzigste O und ich schwöre, aus den Ohren und zwei kleinen Öffnungen an seiner Brust, die mir bisher noch gar nicht aufgefallen waren, war Rauch aufgestiegen. Auf seinem Display stand – nur für mich einen kurzen Moment zu sehen: „Und das mir, einem hochkomplexen ..."
Den Rest konnte ich mir denken, ich musste beinahe lachen. Aber ein wenig tat er mir auch leid. In einer Plastiktüte mit der Aufschrift eines Supermarkts transportiert zu werden, wenn man intelligenter war als das Wesen, das einen trug, war sicher eine ziemliche Beleidigung.
Zuhause erholte sich Tschomski aber schnell von seinem Schrecken. Neugierig stapfte er in meinem Zimmer herum.

Vor meinem Lieblingsposter mit dem Helikopter blieb er begeistert stehen und sagte: „Technik – sehr schön!“

Danach aßen wir zu Abend: Mama, Papa und ich Wurst- und Käsebrote und Tschomski ein wenig Licht aus meiner Schreibtischlampe. Mama brachte mich ins Bett und wünschte mir Gute Nacht.

Tschomski zwinkerte sie zu: „Schlaf du auch schön.“

Sie wollte wohl einen Witz machen, denn Tschomski war für sie nur eine einfache Maschine, die mir Tabletten bringen und allenfalls noch Mensch-ärger-dich-nicht mit mir spielen konnte. Gesprochen hatte der kleine Roboter in ihrer Gegenwart ja noch nicht. Ich kicherte vor mich hin ...

4 TSCHOMSKI LERNT EINEN ANDEREN ROBOTER KENNEN

Zuhause schlief ich wunderbar und träumte einen Traum wie Zuckerwatte. Es war herrlich, wieder in meinem eigenen Zimmer zu sein, mit den Postern von Flugzeugen und Raketen. Wie herrlich, dass es nicht nach Krankenhaus roch, sondern nach Bastelkleber. Langsam öffnete ich die Augen. Trotz der vertrauten Umgebung war irgendetwas anders. Etwas stimmte nicht. Ich hatte ein Gefühl wie Pizza Hawaii ohne Ananas. Plötzlich fiel es mir wieder ein: Tschomski! Wo war er? Verstört blickte ich im Zimmer umher. Meine Gedanken sausten in Feuerwehrgeschwindigkeit umher – nur, dass sie nicht wussten, wo es brannte. Tschomski hatte neben meinem Bett gestanden, „Gut-te – Nacht!“ geschnarrt und war in den Stand-by-Modus gegangen. Doch die Stelle, an der er gestanden hatte, war nun leer. So leer wie der Weltraum zwischen den Sternen. Hatte ich alles nur geträumt?

Plötzlich hörte ich ein Geräusch. Es schien vom Flur her zu kommen. War das Tschomski? Meine Eltern konnten es nicht sein, die waren längst auf der Arbeit. Hoffentlich stellte der kleine Roboter nichts an! Er kannte sich ja überhaupt nicht in einem Haushalt aus. Nur das Krankenhaus war ihm vertraut. Eilig sprang ich aus dem Bett und ging nachsehen. Meine Zimmertür stand einen Spalt breit offen. Ich schlüpfte hindurch. Im Flur keine Spur von Tschomski. Doch das Geräusch, das ich gehört hatte, war jetzt lauter.

„Tschomski?“, rief ich.

Keine Antwort.

Dafür hörte ich jetzt deutlich, dass da jemand sprach. Mit jener schnarrenden, ruckartigen Sprechweise, die ich schon so gut kannte.

Ein Roboter, der Selbstgespräche führte? Unsinn!

Vorsichtig lugte ich durch die offenstehende Wohnzimmertür. Tschomski kniete auf dem Boden. Ich konnte nicht sehen, mit wem er sprach, denn er hatte mir den Roboterrücken zugewandt.

„Warum – sagst du – nichts? Wollen – wir – zusammen – etwas – berechnen?“

Mit wem sprach er da? Leise trat ich durch die Tür.

Jetzt schnarrte er: „Mein Name ist Tschomski – Modell 21.“

Schweigen folgte, dann hörte ich ihn sagen: „Ah, du – bist - ausgeschaltet? – Nicht wahr – mein – Freund?“

Ich hörte, wie eine Taste gedrückt wurde. Als nächstes ertönte ein Surren. Jetzt verstand ich: Tschomski hatte Mamas Saugroboter entdeckt! Das ist so eine Art kreisrunder Staubsauger, der automatisch im Zimmer hin- und herfährt, bis der Boden sauber ist. Sprechen kann diese Maschine nicht. Sie kann nichts außer Staubsaugen. Der Saugroboter fuhr spiralförmig im Wohnzimmer herum.

Tschomski, der mich noch nicht bemerkt hatte, lief aufgeregt hinter ihm her: „Bleib – doch – einmal – stehen! Sag – etwas! Tschomski – versteht – nicht!“

Er dachte wohl, das Fahrgeräusch des Saugroboters sei eine Art Sprache.

„Halt! – Stopp! - Tschomski möchte – mit – dir – reden!“

Der Saugroboter verfing sich in den Teppichfransen des Wohnzimmer-Teppichs und sagte das einzige, was er in einem solchen Fall sagen konnte: „Oh oh!“

Das war seine Art zu melden, dass er ein Problem hatte.

Tschomski stapfte zu ihm hin, beugte sich über ihn und sagte: „Was willst – du – mir – mitteilen? Tschomski – versteht – „ohoh“ – nicht.“

Der Saugroboter wiederholte: „Oh oh!“

Tschomski drückte die linke Taste auf seinem Bauch.

„Spracherkennung – läuft. Erkenne – fremde – Sprachen. Englisch: nein. Französisch: nein. Kisuaheli: nein.“

Ich musste grinsen. „Tschomski, das ist ein Saugroboter! Er kann nicht richtig sprechen!“

Tschomski stolperte erschrocken einen Schritt zurück: „Ah, du bist - da, Paul. – Guten – Morgen! Bist – du – sicher? Vielleicht – Japanisch?“

Ich lachte. „Auch kein Japanisch. Das ist nur eine Bodenputz-Maschine. Sie kann nicht rechnen und nicht reden. Sie sagt nur „Oh oh“, wenn sie sich verfangen hat.“

Ich schaltete den Saugroboter ab.

„Ach so.“ Tschomskis Mundwinkel zogen sich nach unten. „Tschomski hatte schon gehofft, hier einen Freund zu finden.“

„Du hast ja mich! Aber langsam kriege ich kalte Füße. Ich sollte wieder ins Bett gehen. Kannst du mir bitte ein Brot und eine Milch aus dem Kühlschrank bringen?“

Der kleine Roboter nickte: „Tschomski – bringt – Brot – und – Milch.“

Ich kroch rasch ins Bett zurück.
Aus den Tiefen der Wohnung hörte ich: „Tschomski – sucht – Küche. Küche – gefunden."
Ich musste grinsen – das war schon lustig, so einen Roboter zu haben!
Da hörte ich: „Paul – sagte – Milch – in – kühlem – Schrank. Tschomski sucht – kühlen – Schrank."
Oh weh! Konnte es sein, dass der Roboter gar nicht wusste, was ein Kühlschrank war? Ich sprang wieder aus dem Bett und rannte in die Küche.
Tschomski war dort gerade dabei, den Geschirrschrank zu öffnen.
„Kühler Schrank – gefunden – aber – keine – Milch."
„He, Tschomski, KÜHLSCHRANK! Das ist nicht einfach ein kühler Schrank."
„Nicht – ist? Eure – Sprache – unlogisch!" Tschomskis Mund wurde zu einem kleinen Punkt, nicht grösser als ein Stecknadelkopf. Er schüttelte missbilligend den Kopf.
Ich öffnete den Kühlschrank. „Das hier ist der Kühlschrank! Alles in ihm wird gekühlt."
Tschomski stapfte vorsichtig näher und blickte hinein.
„Oh, schöne – Technik! Das – gefällt Tschomski! – Erkenne – Milch!"
Langsam fuhr er seinen rechten Arm ein Stück aus, öffnete den Greifer und nahm damit die Milchtüte heraus.
Er stellte sie auf den Tisch, holte aus dem eben geöffneten Geschirrschrank ein Glas und schnarrte: „Ruhe bitte. Tschomski – muss – sich – konzentrieren."

Das kam mir nicht sehr logisch vor, denn einen Roboter konnten Geräusche doch wohl kaum ablenken. Aber vielleicht war es so einprogrammiert. Fasziniert sah ich zu, wie Tschomski sehr langsam und sehr exakt Milch eingoss, obwohl mir schon wieder die Füße kalt wurden.

Tschomski bemerkte meinen Blick und sagte: „Sensoren – in – den – Greifern. Sie – stellen – fest, wenn - Tschomski – das - Glas - berührt. Damit – Tschomski – es – nicht – zerbricht – oder – fallen – lässt. Sehr – schwierig!"

Ich nickte bewundernd. „Danke, Tschomski!" Froh griff ich nach dem Glas und trank es in einem Zug leer.

5 DER KLEINE ROBOTER HILFT IM GROSSEN HAUSHALT UND ALLES GEHT SCHIEF

Nach dem Abenteuer mit dem Saugroboter kroch ich erschöpft wieder ins Bett. Eine Weile war alles ruhig und ich döste ein. Doch ein bekanntes Geräusch weckte mich aus einem Traum mit vielen Robotern: Tschomski stapfte mit seinen weißen Beinen zur Tür herein und stellte sich neben mich. Sein Mund bildete ein sehr kleines O, fast war es nur noch ein Punkt, nicht grösser als eine Fliege. Ich musste lächeln.

„Tschomski, was ist los?"

„Tschomski – ist – zum Helfen – gebaut. Was – kann – er tun?"

Ich begriff – dem kleinen Roboter war das, was wir Menschen „langweilig" bezeichnen! Er brauchte eine Aufgabe. Ich dachte nach. Ich selbst benötigte im Augenblick nichts. Doch im Haushalt gab es sicher etwas zu tun. Mama und Papa würden froh sein, wenn jemand ihnen ein paar Dinge abnahm.

„Komm, wir schauen einmal in die Küche. Da gibt es immer Arbeit."

Gemeinsam gingen wir in die Küche und sahen uns um. Auf dem Küchenbuffet stand noch schmutziges Frühstücksgeschirr. Meine Eltern hatten wohl keine Zeit mehr gehabt, es in die Spülmaschine zu räumen. Der Kaffeeautomat hatte fast keine Bohnen mehr.

„Tschomski, schau, du kannst das Geschirr in die Spülmaschine räumen und Kaffeebohnen nachfüllen."

Der kleine Roboter sah mich an und seine Mundwinkel wanderten nach oben. „Das – gefällt – Tschomski."

Mir fiel noch etwas ein. „In meinem Zimmer liegt ein Wäschehaufen. Das sind alles Kleider, die ich im Krankenhaus dabeihatte. Die müssen gewaschen werden."
Tschomskis Roboterlächeln wurde noch breiter und er hüpfte auf seinen plumpen Beinen zweimal hoch. In einer Stimmlage, die ich noch nie bei ihm gehört hatte, brummte er: Tschomski – hat – zu – tu-hun – Tschomski – hat – zu – tu-hun." Ich begriff: der kleine Roboter sang!
Froh kroch ich wieder in mein Bett, das noch schön mollig warm war, und schlummerte erneut ein. Ein seltsames Geräusch weckte mich auf. Es klirrte, schepperte und klapperte, als würden zehn Fensterscheiben zu Bruch gehen. Mit einem mulmigen Gefühl im Magen setzte ich mich auf. Tschomski! Was machte er bloß wieder! Das Geräusch kam von unten, aus der Waschküche. So schnell ich konnte, sauste ich die Kellertreppe hinab.
Tschomski stand vor der Waschmaschine und lächelte. „Geschirr – ist – gleich – sauber!" Aus der Waschmaschine erklang in diesem Moment ein fröhliches „Schepperdidepper".
„Was ...?", rief ich entsetzt.
Mit einem Sprung war ich bei der Waschmaschine. Durch das runde Fenster waren Splitter und Scherben zu sehen. Ab und zu kam ein Messer vorbei – wenigstens das war noch heil. So schnell ich konnte, schaltete ich die Maschine ab.
„Meine Güte, Tschomski! Du kannst doch Geschirr nicht in der Waschmaschine spülen!"
Der kleine Roboter blickte mich verwundert an. Seine runden Augen wurden grösser und grösser. Etwas in ihm ratterte.

Dann öffnete er langsam den Mund: „Ist – das – nicht – die Spülmaschine?“
„Nein, Tschomski! ... Um Himmels Willen, was hast du in die Spülmaschine getan?“
Ich rannte die Kellertreppe hinauf in die Küche. Ich hörte, wie der kleine Roboter mit seinen kurzen Beinen hinter mir her stapfte. Die Spülmaschine gab einen Summton von sich, den ich sonst von ihr nicht kannte. Doch das Spülprogramm war beendet. Ich schaltete sie aus und öffnete sie. Am liebsten hätte ich die Augen zugemacht, aber mit geschlossenen Augen kann man nicht sehr viel sehen. Also zwinkerte ich vorsichtig hinein. Tatsächlich, da lagen zwei nasse Hosen und vier Pullover von mir. Sie waren triefnass und rochen nach Geschirrspülmittel, schienen aber sonst heil zu sein. Langsam bildete sich vor der Spülmaschine eine Pfütze. Ich holte rasch einen Lappen und wischte sie auf.
Tschomski war inzwischen neben mir aufgetaucht.
„Hat Tschomski – etwas – falsch – gemacht?“
Ich konnte nur noch nicken. Nachdem ich die tropfenden Kleider in der Waschküche auf den Wäscheständer gehängt und die Tropfspur quer durch die Wohnung beseitigt hatte, ging ich wieder in die Küche.
„Tschomski, dies hier ist die Spülmaschine. Für das Geschirr.“
Der kleine Roboter drückte seine linke Taste und sagte nur: „Gelernt.“
„Uff, Tschomski, ich habe gedacht, du weißt das.“
„Die – Maschine – unten – im - Keller – ist nicht spülende?“, fragte der kleine Roboter mit großen Augen.
„Nein. Das ist die Waschmaschine, nicht die Spülmaschine“, antwortete ich überdeutlich, so, wie man mit einer Oma redet, die

nicht mehr gut hört.

Tschomski sagte entschuldigend: „Tschomski – kennt – alle Dinge. Aber – weiß – nicht – immer, wie – sie – aussehen. Kennt – die – Namen.“

„Oh weh, warum hast du das nicht gleich gesagt?“

„Tschomski – hat gedacht – er – findet – schon.“

„Ja, gefunden hast du etwas – aber das Falsche! Hoffentlich ist die Waschmaschine nicht kaputt! Meine Eltern werden toben!“

„Was ist – To-ben?“

„Wütend sein, schimpfen, motzen, sich aufregen, dir die Hölle heiß machen!“

„Tschomski – mag – es – nicht – heiß“, sagte der kleine Roboter. Da musste ich schon beinahe wieder lachen.

Das Mündchen des kleinen Gesellen zog sich zusammen.

„Nicht lust-tig – Tschomskis Drähte – brennen – durch – wenn zu – heiß.“

„So wörtlich ist das nicht gemeint, Tschomski. Jetzt lass uns mal sehen, ob du sonst noch etwas angerichtet hast. Wir müssen schnell alles in Ordnung bringen, bevor Mama und Papa nachhause kommen!“

Beleidigt drehte sich der kleine Roboter zu Wand: „Tschomski – nichts – angerichtet. Kein Essen.“

„Oh Mann, Tschomski! Anrichten bedeutet nicht nur ‘Essen bereitstellen’, es kann auch bedeuten, ‘etwas anstellen, einen Fehler machen’.“

Aus dem Augenwinkel sah ich, wie Tschomski die linke Taste auf seinem Bauch drückte, während ich zur Kaffeemaschine eilte. Der

Automat sah ganz normal aus. Ich schraubte den Deckel ab und blickte in den Behälter für die Kaffeebohnen. Alles schien normal zu sein. Da stieg mir ein merkwürdiger Geruch in die Nase. Kaffeebohnen rochen anders. Ich nahm eine der braunen Bohnen heraus und betrachtete sie näher. Das war kein Kaffee, das waren diese Hydrokultur-Böhnchen, die Mama für ihre Pflanzen verwendete!

„Tschomski!", schrie ich.

Der Roboter stand schon neben mir.

„Auch - falsch?", fragte er.

„Ja", seufzte ich. „Das ist Hydrokultur. So ein Granulat. Für Pflanzen. Ich zeige dir, wie Kaffee aussieht."

Ich öffnete den Vorratsschrank und nahm die Packung mit den Kaffeebohnen heraus. „Hier, riech mal – so muss Kaffee riechen."

Da verfärbte sich der Roboter plötzlich. Wenn ich nicht gewusst hätte, dass seine Metallhaut eigentlich keine andere Farbe annehmen konnte, hätte ich geschworen, dass er rot wurde.

„Tschomski, was ist?"

„Tschomski – hat – keine ..." Das letzte Wort sagte er so leise, dass ich es nicht mehr hören konnte.

„Keine Nase?"

„Ja", erklang es leise wie ein Hauch.

„Hm, du kannst auch einfach lesen, was auf der Packung steht", fiel mir ein.

In diesem Moment kamen meine Eltern nachhause. Fröhlich rief Mama: „Hallo! - Na? Was macht ihr zwei?"

Tschomski drehte mir sein Display zu. Ich las: „BITTE SAG NICHTS." Dann verschwanden die Buchstaben.

Au weia, wie sollte ich die Scherben in der Waschmaschine erklären? Immerhin hatte ich gerade noch rechtzeitig, das Pflanzengranulat aus der Kaffeemaschine entfernen können.
Papa merkte wohl, dass etwas nicht in Ordnung war, denn er fragte: „Paul, was machst du für ein Gesicht?"
Mama sah mich prüfend an: „Du bist ja ganz rot im Gesicht!"
Kein Wunder, denn die Gedanken rasten in meinem Kopf herum wie Autos auf der Rennbahn.
Mama fragte besorgt: „Du hast doch hoffentlich nicht wieder Fieber bekommen? Was machst du überhaupt hier in der Küche?"
Da fiel mir ein prima Ausweg ein: „Mir ist so heiß. Wahrscheinlich hab' ich wieder Fieber. Ich habe geträumt, dass ich Geschirr in die Spülmaschine räume und plötzlich stand ich vor der Waschmaschine... Ich glaube, das Geschirr ist hinüber. Wie ich jetzt in die Küche komme, weiß ich gar nicht."
Papa sah mich mit gerunzelter Stirn an und meinte dann: „Ab mit dir ins Bett! Ich gehe sicherheitshalber mal im Keller nachsehen, aber bestimmt hast du alles nur geträumt."
Schnell wie ein Überschallflugzeug sauste ich in mein Bett und zog die Decke hoch. Ich hörte, wie etwas auf flachen Füssen hinter mir her gestampft kam und musste lächeln. Dann wurde ich wieder ernst. Was würden Papa und Mama sagen, wenn sie das zerdepperte Geschirr sahen?
In dem Moment zerschnitt ein Schrei aus dem Keller die Stille. Mama rief: Mein schönes Blumengeschirr!"
Ich richtete mich auf, um Papas Antwort verstehen zu können: „Hm, lass mal sehen. Alles in Scherben! Aber jetzt reg dich nicht gleich auf.

Wir können uns sowieso mal ein neues Tafelservice gönnen. Der Junge ist eben doch noch sehr krank. Er muss schlafgewandelt sein. So etwas!“

Dann ertönte Mamas Stimme: „Na ja, wenn du mir ein neues Geschirr schenkst? Eigentlich bin ich froh, dass nichts Schlimmeres geschehen ist. Was alles hätte passieren können! Schlafwandeln! Das ist wirklich das Neuste!“

Nachdenklich blickte ich Tschomski an, der neben meinem Bett in den Standby-Modus gegangen war. Mann! Was alles hätte passieren können! Ich musste wohl besser auf ihn aufpassen!

6 TSCHOMSKI HILFT VIELEN MENSCHEN

Am nächsten Morgen schien die Sonne in mein Zimmer. Ich blickte zu dem kleinen Roboter hinüber, der heute noch brav neben meinem Bett stand. Mein Bauch sagte mir, dass es ein herrlicher Tag würde, so ein richtiger Es-regnet-Gummibärchen-Tag. Vorsichtig tippte ich Tschomski auf die Schulter: „Guten Morgen, Tschomski!"
„Modell 21", ergänzte Tschomski, der sofort hellwach war.
Ach, könnte ich das auch! Ich brauche morgens immer etwas, bis ich wach bin.
„Komm, gehen wir mit meinen Eltern frühstücken", schlug ich vor.
„Gerne", antwortete der Roboter, „aber – denk - dran, für mich – höchstens – etwas – Salatöl."
Wir wollten eben ins Esszimmer gehen, da legte mir Tschomski einen seiner kalten Greifer auf den Arm: „Einen - Moment noch, Paul. – Tschomski – möchte – heute – etwas – helfen. Aber – besser – als – gestern."
Ich überlegte kurz. „Bestimmt kannst du nach dem Essen den Tisch abräumen. Denk einfach daran, dass das schmutzige Geschirr in die Spülmaschine gehört."
„Das hat – Tschomski – gestern – gelernt."
Prima, so konnte ja nichts schiefgehen. Das war das Gute an Tschomski: Wenn er einmal etwas gelernt hatte, wusste er es. Er vergaß nichts. Der herrliche Gummibärchen-Tag war gerettet.
Wir frühstückten. Mama, Papa und ich aßen frische Brötchen, während Tschomski sich mithilfe eines Trichters Sonnenblumenöl einfüllte. Er sah manchmal zu uns herüber und murmelte dann

„Köstlich!“, obwohl er sicher gar nichts schmeckte.

Mama und Papa küssten mich und verabschiedeten sich.

„Pass gut auf Paul auf“, sagten sie zu Tschomski und lachten dabei.

Ich verkroch mich wieder in mein Bett und hörte mir ein Hörbuch an.

Tschomski klapperte währenddessen in der Küche mit den Tellern.

Inzwischen weiß er ja, wo die hingehören, dachte ich erleichtert.

Endlich stapften die berühmten Plattfüße um die Ecke.

Der Robotermund strahlte. „Fertig!“

Eines hatte ich aus dem gestrigen Tag gelernt: Kontrollieren war gut. Ich krabbelte also aus dem Bett und schlurfte in die Küche. Dort öffnete ich als erstes die Spülmaschine: Auf den ersten Blick sah alles normal aus. Der Roboter hatte die Frühstücksteller und –tassen schön verstaut. Doch dahinter leuchtete etwas Gelb. Die Butter!

Tschomski stand neben mir und sah mich an. “Falsch? Ach, du öliger Freund!“

„Das ist die Butter. Lebensmittel, die keine Wärme vertragen, kommen in den ...“

Eifrig fiel Tschomski ein: „... Kühlschrank!“

Ich nickte: „Genau!“, und stellte die Butter an ihren Platz. Sicherheitshalber sah ich mir bei der Gelegenheit gleich den Inhalt des Kühlschranks näher an. Hier schien so weit alles in Ordnung zu sein. Nur, wo war die Konfitüre?

„Wo hast du die Marmelade hingetan?“

„Mar-me-was? Entschuldigung – Tschomski versteht – nicht.“

„Hm, man tut sie aufs Brot. Früchte, klein gekocht.“

„Ah ja! Aufschrift „Erdbeeren“. Tschomski hat in tiefen Kühler getan.“

„Tiefen Kühler?“ Ich glaube, einen Moment lang blickte ich drein, wie

Papa damals, als er die Sonnencreme mit dem Shampoo verwechselt hatte. Doch dann begriff ich.

„Ins Tiefkühlgerät?"

„Ja!"

Also holten wir die Marmelade wieder aus dem Tiefkühler. Neben ihr standen Mamas und Papas Hausschuhe und wurden langsam weiß.

„Wa-ass?" war alles, was ich noch sagen konnte.

„Schuhe nicht – in – Tiefkühler?"

„Nein, Tschomski, ich glaube kaum, dass meine Eltern so heiße Füße haben, wenn sie heimkommen."

Tschomski sah mich enttäuscht an. „Tschomski – hat wieder – Fehler gemacht?"

„Ja", seufzte ich. „Schon ein paar."

Der kleine Roboter ließ die Greifer hängen und blickte zu Boden.

„Tschomski – will helfen. Ist – zum Helfen gebaut!"

„Naja, vielleicht muss ich dir einfach deutlicher sagen, was du tun sollst", versuchte ich den Roboter zu trösten.

„Wie wäre es mit …" Ich überlegte. „Du könntest älteren Leuten helfen, die schweren Mülltüten nach draußen zu bringen. Oder ihnen über die Straße helfen. Oder herumliegenden Müll aufsammeln. Das sind alles Sachen, die ich einmal bei den Pfadfindern gemacht habe. Weißt du, da versucht man auch, anderen zu helfen!"

Tschomski blickte auf und sah mich aus seinen kleinen Augen an. Er schien Hoffnung zu schöpfen. „Tschomski kann – helfen!" Der Roboter drehte sich um, und sauste, so schnell ihn seine klobigen Beine trugen, klack-klack, zur Haustür.

„Halt! Tschomski! Warte doch! Wo willst du denn hin?"

Aber er hörte mich wohl bereits nicht mehr. Seine Mikrofone waren nach vorn gerichtet. „Tschü-üs", rief er über die Schulter. Dann fiel die Tür krachend ins Schloss.
Au weia, dachte ich. Hinterherlaufen konnte ich nicht. Mama und Papa hatten mir streng verboten, die Wohnung zu verlassen. Also hoffte ich das Beste. Ich schlurfte wieder ins Bett und hoffte und hoffte. Immer wieder lauschte ich. Klingelte vielleicht ein kleiner Roboter? Oder klopfte eine Greiferhand an mein Fenster? Doch es blieb still. Viel zu still.
Schließlich, es schien mir, als seien meine Haare inzwischen grau und ich war auch nicht ganz sicher, ob ich nicht mittlerweile ein Gebiss brauchte, so viel Zeit war inzwischen vergangen, pochte es an mein Fenster. Schnell öffnete ich. Draußen stand Tschomski.
„Komm rein! Wieso klingelst du nicht?", fragte ich.
„Tschomski – denkt – es – war unter diesen – Umständen – besser...", murmelte Tschomski.
Neugierig lief ich zur Haustür und blickte durch den Spion, ihr wisst schon, das ist das kleine Guckloch. Vor der Tür standen drei Leute, eine davon war Frau Fendrich mit den lila Haaren, die anderen kannte ich nicht. Sie schienen miteinander zu diskutieren.
Ich presste mein Ohr an das kalte Holz der Tür und hörte Satzfetzen: „Vielleicht durch den Garten", „hier wohnen die Müllers, die haben keinen Roboter, ich kenne die" und „so eine Unverschämtheit! Hat er bei euch auch...?"
Ich drehte mich zu Tschomski um. „Was hast du gemacht? Da draußen steht Frau Fendrich mit noch zwei anderen. Die sind ganz aufgebracht. Was hast du gemacht?"

Tschomskis kleine Roboteraugen wurde grösser. „Du – musst – nicht alles zweimal sagen. Tschomski ist ein Roboter. Roboter merken sich alles."
„Bitte, Tschomski, lenk nicht ab! Was ist passiert?"
Der kleine Roboter ließ die Greifer sinken. „Tschomski weiß – nicht – was – er – jetzt – schon – wieder – falsch gemacht – hat. Tschomski – erzählt – es dir."
Ich nahm den kleinen Roboter an seiner kalten Hand und setzte mich mit ihm auf das Sofa im Wohnzimmer. Dann berichtete er in seiner abgehackten Robotersprache.
Aber ich erzähle euch das jetzt zusammenhängend:
Tschomski hat sich gleich auf die Suche nach Menschen gemacht, die seine Hilfe gebrauchen konnten. Ihm fiel ein großes Gebäude auf, vor dem kleine Wägelchen standen. Aus dem Haus kamen viele Personen – einige hatten viele Sachen in einem Wägelchen und luden sie von dort in den Kofferraum ihres Autos. Andere trugen die Sachen in Taschen und Tüten. Eine Frau fiel ihm auf, die nur langsam laufen konnte und kein Auto zu haben schien. Sie hatte lila Haare.
An dieser Stelle in Tschomskis Erzählung murmelte ich: „Frau Fendrich", denn in unserer Nachbarschaft gibt es nur eine ältere Dame, die nicht mehr gut zu Fuß und stolz auf ihre lila Haare ist. Der kleine Roboter erzählte weiter: Frau Fendrich trug mühsam eine Stofftasche, auf der die Aufschrift „Kaufmarkt – alles Bio" war. Tschomski beschloss, der Frau beim Tragen zu helfen. Er ging direkt auf sie zu. Sie rief „Huch" oder so etwas, genau hat das Tschomski nicht verstanden.
Er hat dann Frau Fendrich mit festem Griff die Tasche aus der Hand

genommen und ihr erklärt: „Tschomski – hilft – Haben Sie – keine Angst.“
Dann suchte er mit seinen Kameraaugen die Gegend ab. „Tschomski sieht – Mülltonnen. Tschomski bringt – Müll zu Tonnen!“ Er sagte mir, die Dame habe etwas sagen wollen, aber sie habe immer nur wie ein Fisch den Mund auf und zu geklappt. Einmal habe er noch „Aber Einkauf“ verstanden und darauf beruhigend zu ihr gesagt: „Einkäufe – machen – viel – Müll. Aber – das haben – wir –gleich!“
Als er gerade zu den Mülltonnen hinüber gehen wollte, fuhr gerade ein Müllauto vor. Tschomski war ganz stolz, dass er an der orangenen Farbe und der großen Klappe hinten sofort erkannt hat, was das für ein Fahrzeug war. Die Mülltüte hat er direkt dem Müllmann in die Hand gedrückt, und dieser hat die Tasche, ohne hinzusehen hinten ins Müllauto geworfen. Frau Fendrich hat sich leider überhaupt nicht bedankt, sondern ist umgefallen. Wahrscheinlich vor Freude, weil sich endlich mal jemand anderer um ihren Müll gekümmert hat.
„Tschomski!“, schrie ich an dieser Stelle seiner Erzählung. „Sie ist in Ohnmacht gefallen!“
„Ohnmacht, was ist – das? Tschomski kennt – nicht.“
„Roboter können auch nicht ohnmächtig werden, aber Menschen. Man kann auch „bewusstlos“ sagen. Frau Fendrich hat so einen Schreck bekommen, weil du ihre Einkäufe in den Müll getan hast!“
„Tschomski – hat – schon – wieder – etwas – falsch – gemacht? – Das waren – Einkäufe? – Kein Müll? – Ach du – rostige Schraube!“, stotterte der kleine Roboter, und ich glaube, dass er vor Entsetzen noch eine Spur weißer wurde, doch das kann natürlich gar nicht sein. Ich sagte: „Okay, erzähl weiter. Hast du noch mehr Menschen

'geholfen'?"
Der kleine Roboter berichtete, dass sich dann viele Leute um die auf dem Boden liegende Frau Fendrich geschart haben. Er hat gedacht, dass sie sich alle mit ihr freuten und ist deshalb weitergegangen. Tschomski kam dann an einen Garten. Darin hat ein alter Herr gearbeitet. Der griff sich dauernd an den Rücken. Bestimmt hatte er Schmerzen vom vielen Bücken. Da wusste Tschomski gewusst: Der Mann braucht Roboter-Hilfe!
Tschomski ging durch das offenstehende grüne Gartentörchen, ganz vorsichtig, und fragte: „Guten Tag – kann – ich helfen?"
Der alte Herr war zuerst ein wenig überrascht, dann aber froh, dass er die Arbeit nicht allein fertig machen musste. Tschomski sah, dass der Herr müde war, und schlug ihm vor, sich erst einmal mit einer Tasse Tee ins Haus zu setzen, da es draußen schon ein bisschen kühl wurde. Dem kleinen Roboter ist es auch gelungen, das Wasser für den Tee zu kochen. Einen Teebeutel hat sich der alte Herr selbst geholt. Dann ist Tschomski wieder in den Garten gegangen. Links stand eine Schubkarre voller Pflanzen und rechts war ein Beet mit vielen Löchern. Tschomski hat die Pflanzen, die schon ganz schlapp aussahen, in die Erdlöcher gesteckt und die Löcher dann vorsichtig zugeschüttet. Er war gerade fertig und wollte die Pflänzchen gießen, da ist der alte Herr wieder aus dem Haus gekommen. Er hat die Hände über dem Kopf zusammengeschlagen, sicher vor Begeisterung, weil alles bereits erledigt war. Dann hat er etwas gerufen, von dem Tschomski meint, dass es klang wie „Ach du dickes Ei!"
Tschomski hat zu mir gesagt, dass er das nicht verstanden hat, denn

ein Ei nirgends zu sehen, und schon gar kein dickes. Ich habe mich am Kopf gekratzt, denn ich hatte schon so ein dumpfes Gefühl. Irgend etwas war doch hier wieder schiefgelaufen. Und das an diesem Tag, der ein wunderbarer „Es regnet Gummibärchen"-Tag hätte werden können.

Ich habe also den kleinen Roboter gefragt: „Und sonst? Hat er sonst nichts mehr gesagt?"

Tschomski dachte kurz nach. Er drückte auf seinen rechten Knopf, und es ratterte in seinem Inneren. Dann sagte er in seiner blechernen Roboterstimme: „Der Mann hat auch noch gesagt: Das war das Unkraut!"

Mit größer werdenden Augen blickte Tschomski mich an: „Was – ist – Unkraut?"

Das war die Stelle, an der ich dachte, ich würde jetzt, wie Frau Fendrich, in Ohnmacht fallen.

7 TSCHOMSKI GEHT IN DIE SCHULE

Am Montag nach den Sommerferien stapfte Tschomski in die Küche, um mir Medizin zu holen. Papa hatte sich schon so an ihn gewöhnt, dass er einfach an ihm vorbei in mein Zimmer schlüpfte, als sei es ganz normal, einen Roboter als Familienmitglied zu haben. Wenn ich schon wieder ganz gesund gewesen wäre, hätte ich in die Schule gehen müssen. Eigentlich wäre es richtig cool gewesen, denn dann hätte ich meine Freundin Ladina mal wieder gesehen. Auch meine Lehrerin Frau Thalberg vermisste ich so langsam. Aber nix war's, Moya-Moya musste mir ja alles versauen. Papa sah mein enttäuschtes Gesicht und versuchte mich aufzuheitern: „Weißt du was? Wir schicken Tschomski!"

„Tschomski darf in die Schule und ich muss zuhause bleiben?!" Jetzt war ich richtig entrüstet. Das wurde ja immer schöner!

Papa setzte sich auf meine Bettkante und nahm meine Hand.

„Du musst noch ein klein wenig fitter werden. Aber Tschomski kann dir deine Hausaufgaben bringen. Damit du später nicht allzu viel nachholen musst."

Ich sah Papa nachdenklich an.

„Wie soll mir denn ein Roboter die Hausaufgaben bringen?"

Papa wusste ja nichts von Tschomskis besonderen Fähigkeiten, zum Beispiel hatte er ihn noch nie sprechen hören. Dass er aber auch Hausaufgaben bringen können sollte, kapierte selbst ich nicht.

„Ich brauche doch nicht nur jemanden, der die Aufgaben bringt, sondern auch jemanden, der mir erklärt, was ich da machen soll. Das kann Ladina sicher besser!"

Papa lächelte. „Katharina, deine Lieblings-Krankenschwester, hat mir aber verraten, dass Tschomski etwas kann, was sonst niemand kann: Er nimmt den ganzen Schultag wie einen Film auf und zeigt ihn dir dann auf seinem Display! Du siehst den Schultag sozusagen im Fernsehen."

Wow! Das gefiel mir! So konnte ich sogar heimlich anwesend sein und miterleben, was für Unsinn die anderen Kinder machten. Das würde dann ein bisschen so sein, als ob ich selbst anwesend wäre!

Ich grinste Papa an.

„Okay, abgemacht!"

„Prima, dann bringe ich Tschomski jetzt zur Schule."

Gerade als Papa diese Worte sagte, ertönten die bekannten stapfenden Schritte und der kleine Roboter kam zur Tür herein. Sein kleines schwarzes Mündchen lächelte von einem runden Mikrofon-Ohr zum anderen.

„Tschomski – hat – das gehört. Er – geht – gerne – in – die – Schule – und - lernt."

Papa blieb der Mund offenstehen, aber ich musste lachen.

„Ja, dass du gerne lernst, ist mir klar. Obwohl ich glaube, dass du alles schon kannst, was wir gerade durchnehmen!", sagte ich.

Der kleine Roboter antwortete: „Tschomski – nimmt – alles für – Paul – auf. Und – lernt – vielleicht – auch – über – Menschen. – Und - Gefühle!"

Endlich fand Papa die Fähigkeit der Sprache wieder.

„Der Roboter spricht ja!"

Tschomski zuckte zusammen. Ihm war klar, dass er einen Fehler

gemacht hatte.
„Nur – ein – bisschen“, sagte er.
Papa sah den kleinen Roboter nachdenklich an. „Schon erstaunlich, diese Technik heutzutage!“
Tschomski streckte seinen Rücken. „Tschomski, Modell 21! – Kann – auch – etwas – sprechen!“
„Gut, ich bringe den Roboter jetzt in die Schule und erkläre deiner Lehrerin Frau Thalbach die Situation“, sagte Papa zu mir gewandt.
Aber er hatte die Rechnung ohne den kleinen Roboter gemacht. Denn Tschomski verzog den Mund: „Aber – Tschomski – geht – nicht – in – eine – Einkaufstasche!“
„Wieso nicht?“, fragte Papa verwundert.
Das Mündchen des kleinen Roboters wurde winzig und seine kreisrunden Augen zogen sich zusammen.
„Ach, du – rostige – Schraube! Tschomski – ist – doch – kein – Gemüse!“
Papa musste lachen. „Oh, das geht wohl gegen die Roboterehre, wie?“
Doch der kleine Roboter fand es gar nicht lustig. Wortlos drehte er sich um und stapfte in Richtung Tür. Krk-Krk machten seine Kniegelenke.
Papa rief: „He, Tschomski, wo willst du hin?“
Er sprang von meiner Bettkante auf, eilte hinter dem Roboter her, umrundete ihn mit langen Schritten und stellte sich ihm in den Weg.
Ich musste kichern. Bei Tschomski wusste man nie, welche Gefühle er haben konnte und welche er noch lernen musste. Aber beleidigt

war er jedenfalls manchmal.
Papa kniete sich hin und blickte in die Roboteraugen: „Okay, Tschomski, Modell 21, du darfst auf dem Beifahrersitz mitfahren."
„Angeschnallt? – Mit – Gurt?", fragte Tschomski. Seine Stimme klang hoffnungsvoll.
„Von mir aus auch angeschnallt", sagte Papa.
„Tschomski – will – ja – bei – einem – Unfall – nicht – defekt –werden!"
„Du könntest ruhig etwas Vertrauen in meine Fahrkünste haben!"
„Tschomski – kennt – nicht – Vertrauen. Aber – Tschomski kennt – Unfallstatistik. Moment – muss – berechnen ..."
Tschomski drückte auf seine linke Taste und ein Surren ertönte. Dann fuhr er fort: „Weltweit – über – 600'000 Tote – im Jahr – im – Straßenverkehr. – Und – wahrscheinlich – noch – weitere – weil – nicht – alle Länder – sie – zählen. Mehr – Tote – im – Verkehr – als – durch – Krieg."
Papa seufzte. „Tschomski, dass uns jetzt etwas passiert, ist doch trotzdem sehr, sehr unwahrscheinlich. Kommst du jetzt bitte mit? Du hast eine wichtige Aufgabe." Papa blickte in meine Richtung. Tschomski folgte seinem Blick und sah mich an. „Na gut. Tschomski bringt – Hausaufgaben. – Das – ist – wichtig."
Ich hob einen Daumen. Der kleine Roboter sah mich verwirrt an. „Was – bedeutet – das?"
Papa mischte sich ein: „Das bedeutet, dass Paul es gut findet, dass du in die Schule gehst."
Da ertönte ein gluckerndes Geräusch aus dem Bauch des Roboters. Lachte er?

Er hob den Kopf hoch und streckte seine kleine Roboterbrust nach vorne. „Tschomski – geht – in – die – Schule!“

Was genau in der Schule geschah, weiß ich nicht, denn ich musste ja zuhause bleiben. Doch Tschomski erzählte mir hinterher alles. Und Roboter können ja nicht lügen. Oder doch? Dies hat Tschomski mir erzählt:

Mein Vater brachte den kleinen Roboter in die Schule und erläuterte meiner Lehrerin Frau Thalbach die Situation: Dass ich noch krank sei und dass der Roboter die Lektion aufzeichnen würde. Frau Thalbach fand das zwar ein bisschen seltsam, ließ dann aber Tschomski auf meinem Platz neben Ladina sitzen.

Natürlich drehte Tom, der weiter vorne saß, sich nach ihm um und machte sich lustig. „Hey! Dumbo Segelohr traut sich nicht in die Schule und schickt eine Maschine!“

Die Lehrerin war gerade damit beschäftigt, etwas an die Tafel zu schreiben und bekam das nicht mit.

Tschomski erzählte mir später, dass er schon in diesem Moment am liebsten gesagt hätte: „Tschomski ist eine hochkomplexe Maschine und kann viel logischer denken als du.“ Doch er berechnete kurz, wie diese Situation vermutlich enden würde. Bei dieser Rechnung kam heraus, dass sich die Lehrerin jeden Moment umdrehen konnte, also entschloss sich Tschomski still sitzen zu bleiben. Der Rest der Stunde verlief ohne Zwischenfälle und der kleine Roboter zeichnete alles genau für mich auf. Doch dann kam die Pause. Tschomski blieb einfach auf meinem Platz sitzen, denn ein Roboter muss in der Pause

nicht herumspringen und auch keine Käsebrote essen.
Natürlich hatte Tom nur darauf gewartet. Er kam an meinen Platz, gefolgt von einigen anderen Kindern, die neugierig waren.
„Ha, Paul hat ja schon immer merkwürdig ausgesehen, aber jetzt erst...!“, sagte Tom höhnisch.
Tschomski erzählte, dass er da etwas in sich aufsteigen fühlte. Ob das Wut war? Mit Gefühlen kannte Tschomski sich noch nicht so gut aus. Er hat kurz kalkuliert und beschlossen, einfach nicht zu reagieren.
Tom hatte keine Ahnung, dass Tschomski eine hochkomplexe Maschine ist, die ganz viel kann. Hätte er es gewusst, er hätte sich niemals getraut, die nächsten Worte zu sagen: „Was für ein Blechhaufen! Und der soll dem alten Segelohr die Hausaufgaben bringen? Bei dem ist sicher mehr als nur eine Schraube locker!“
Die anderen Kinder kicherten. Tschomski sagte später, dass er bei dem Wort „Blechhaufen“ fühlte, wie sich etwas in seiner Körpermitte zusammenzog. Ich erklärte ihm, dass bei Menschen manchmal der Magen so reagiert, wenn sie wütend werden. Was es bei ihm war, weiß ich nicht, denn Roboter haben ja keinen Magen. Auf jeden Fall, sagte Tschomski, ist er immer noch ruhig geblieben.
Doch Tom hat jetzt zu den anderen Kindern gesagt: „Wollen wir mal schauen, wie viele Schrauben locker sind?“, und angefangen, den kleinen Roboter zu stupsen. Da hatte Tschomski genug. Der Roboter hat seinen Teleskoparm ausgefahren und Tom am Pullover gepackt. Dann hat Tschomski Tom hochgehoben, höher und immer höher. Bis Tom fast an der Klassenzimmerdecke klebte, festgehalten von einer

kleinen, weißen, aber sehr starken Roboterhand. Tom war jetzt bleich und wagte nicht, sich zu bewegen, vor Angst herunterzufallen. Die Decke unseres Klassenzimmers ist nämlich ganz schön hoch. Die anderen Kinder machten erstaunt „ohhhh" und traten ein paar Schritte zurück. Sie waren nicht darauf gefasst gewesen, dass die kleine Maschine, die bisher still im Klassenzimmer gesessen hatte, sich auch bewegen konnte. Bestimmt haben sich einige Kinder auch gefreut, denn Tom hat schon viele von uns geärgert und kaum jemand wagt, etwas dagegen zu tun. Aber es kam noch besser!

Tschomski fing nämlich an zu sprechen. Er sagte: „So, du – bist –also – Tom. Ich habe – schon – viel – von – dir – gehört. – Du – ärgerst – gerne – andere – ja?"

Die Kinder sperrten jetzt vor Staunen die Augen und Münder auf. Es war so still, dass man einen Tropfen Öl hätte fallen hören können, erzählte Tschomski.

Tom, noch immer durch eine Roboterhand an der Klassen-zimmerdecke festgehalten, murmelte etwas, das klang wie „Ich hab doch gar nichts gemacht."

Er sah jetzt sehr weiß aus, meinte der kleine Roboter, fast so weiß wie Tschomski, gar nicht mehr menschenrosa.

„Hör - mal", sagte Tschomski. „Ich – bin –- erst - ein – halbes Jahr - alt, – und – für einen – Roboter – ist – das – nicht – alt. Aber – ich – weiß, – dass – man – Schrauben – die nicht – locker – sind – besser – in – Ruhe – lässt. – Ist – das - okay – für – dich? – Dann – würde – ich – dich – nämlich – herunterlassen."

Tom, der sicher spürte, wie stark die Roboterhand war, die ihn hochhob, nickte, und der kleine Roboter ließ ihn langsam herab. Entsetzt lief Tom nach draußen, so schnell er konnte, und Tschomski sah ihn für den Rest der Pause nicht mehr.

Danach ging der Unterricht ohne Zwischenfälle weiter. Am Ende der letzten Stunde kam mein Vater und holte Tschomski ab. Gemeinsam verließen sie das Klassenzimmer. Tschomski drehte sich nicht mehr nach Tom um.

Als ich hörte, was der kleine Roboter getan hatte, freute ich mich. Endlich hatte es jemand Tom gegeben! Doch plötzlich fiel mir etwas ein. „Tschomski! Tom wird sicher noch viel gemeiner zu mir sein, wenn ich wieder in die Schule muss! Das ist schlecht, ganz schlecht! Tschomski blickte nachdenklich vor sich hin. „Ich dachte, – dass er – dich – jetzt – vielleicht – in Ruhe lässt?“, fragte Tschomski schüchtern und weitete seine kleinen Augen optimistisch.

„Du kennst ihn eben nicht!“ Hoffnunglos zuckte ich mit den Schultern. „Ich krieg das sicher zurück. Noch dazu, wo alle anderen Kinder seine Niederlage gesehen haben.“

„Ich – schlage – vor – wir – warten – erst – einmal ab“, schnarrte Tschomski. „Und wenn – Tom wieder gemein – zu dir – ist – dann – machen – wir – einen – Plan.“

„Okay“, antwortete ich. Aber ich befürchtete das Schlimmste für meinen ersten Schultag.

8 ICH GERATE IN GEFAHR

Als mich der Hausarzt endlich wieder in die Schule gehen ließ, hatte ich ganz schön gemischte Gefühle. Ich würde sagen so wie Vanilleeis mit Spinat – igitt! Aber ziemlich viel Spinat. Ihr könnt euch sicher vorstellen, weshalb. Mein Spinat hieß Tom. Wie würde er reagieren, wenn er mich sah?

Papa setzte mich vor der Schule ab, damit ich noch nicht so weit laufen musste. Als ich das Klassenzimmer betrat, ging es auch schon los.

„Ach, seht mal, unser Flatterohr traut sich auch mal wieder hierher! Statt seiner komischen Roboter-Klapperkiste!“ Das kam natürlich von Tom.

Die anderen sagten nichts, auch Ladina nicht. Sie hatten alle Angst vor Tom. Ich zuckte nur die Schultern und versuchte, möglichst cool auszusehen. Am besten so tun, als ob man es gar nicht gehört hat. Doch auf dem Weg zu meinem Platz neben Ladina stellte sich Tom mir in den Weg.

Er ist ein bisschen grösser als ich, und er stemmte die Hände in die Hüften. „Keine Antwort von unserem Dumbo! Und ich dachte, mit diesen Segelohren hört man alles?“

Tom lachte dreckig. Ich versuchte, mich an ihm vorbeizuschlängeln, ohne ihn zu berühren. In dem Moment kam zum Glück unsere Lehrerin Frau Thalbach zur Tür herein, und Tom setzte sich schnell auf seinen Platz. Die Stunde verlief normal, und weil Tschomski mir immer den Lernstoff gebracht hatte, konnte ich problemlos folgen.

In der Pause ließ Tom mich überraschenderweise in Ruhe und ich atmete etwas auf. Wahrscheinlich musste er gerade irgend jemand anderen ärgern. Für das Schulende an diesem Tag hatte ich einen Plan – ich würde so schnell wie möglich nachhause gehen. Leider war Tom so flink wie ein Tiger, der hinter seiner Beute her ist. Im Flur stellte er sich mir in den Weg. Sofort sammelten sich weitere Kinder um uns, die sehen wollten, was passieren würde. Frau Thalbach war leider nirgends zu sehen, vermutlich wischte sie noch die Tafel und räumte ihre Sachen zusammen. Tom baute sich vor mir auf und packte mich am Arm. Jetzt wurde der Tag eher doch einer von der richtigen Spinat-Sorte. Na, toll. Ich versuchte mich loszumachen und schrie Tom an: „Lass mich los!"

Tom lachte sein schmutziges Lachen. Ich bin sicher, er hat das zuhause geübt.

Er blickte sich um, ob ihn auch alle gut hören konnten, und sagte: „Flatterohren, die durch diesen Flur wollen, zahlen einen Euro. Jeden Tag. Stimmt's?"

Die anderen Kinder sagten nichts. Sie hatten wohl Angst, dass Tom sie auch angreifen würde. Toms Griff an meinem Arm tat weh. Plötzlich hatte ich eine Idee.

„Oh, deine Hose ist offen," sagte ich zu Tom. Er blickte automatisch nach unten, und ich nutzte den Moment, um mich loszureißen. Ich rannte so schnell davon, als sei ein echter Tiger hinter mir her.

Tom rief mir wütend nach: „Ab morgen zahlst du, Dumbo!"

9 TSCHOMSKI UND ICH MACHEN EINEN GEHEIMPLAN

Zuhause erzählte ich Tschomski atemlos, was vorgefallen war.
Er stand da und hörte mir aufmerksam zu. Als ich mit meiner Erzählung fertig war, fragte der kleine Roboter: „Warum – ärgern – einige Kinder – andere? – Menschliches Verhalten – ist – nicht logisch. Es - wäre doch besser – zusammen – zu spielen – und – zu arbeiten."
Ich stimmte ihm zu. Ich wusste ja selbst nicht, weshalb Tom mich immer ärgerte.
Tschomski sagte: „Den Grund – für das Verhalten – kennen wir also nicht. Aber wie – reagierst – du? Was – tust – du, wenn er – dich ärgert?"
Ich überlegte kurz. „Ich versuche höflich zu sein."
„Auch, wenn Tom – dich – beleidigt?", fragte Tschomski.
„Ja. Das ist richtiges Benehmen. So lernt man es zuhause. Außer vielleicht Tom", überlegte ich. „Außerdem bin ich ein bisschen schüchtern."
Auf Tschomskis Display erschien das Wort „schüchtern" und eine Erklärung. Aha, er hatte schnell in einer Suchmaschine im Internet nachgesehen, was das Wort bedeutete.
Es ratterte und ich konnte sehen, das Tschomski eifrig rechnete. Vielleicht durchsuchte er auch in Lichtgeschwindigkeit riesige Datenbanken im Internet. Ich hatte ihm nun ja schon einige Male beim Denken zugesehen, aber dieses Mal dauerte es besonders lange. Ich

sah schon Rauch aus seinen Mikrofonohren kommen, aber vielleicht bildete ich mir das auch nur ein.
Dann hörte das Rattern auf, und Tschomski stand plötzlich ganz still.
„Tschomski, Modell 21 – hat – die Lösung!"
Jetzt war ich so gespannt, dass ich versuchte, die Lösung zu erraten.
„Sag schon, Tschomski! Soll ich einfach zuhause bleiben? Ich habe manchmal schon Bauchweh, wenn ich hingehe."
Tschomski schwieg kurz und sah etwas im Internet nach. Auf seinem Bauch-Bildschirm zogen Buchstaben vorbei. Schliesslich hatte er ein Ergebnis gefunden.
Er sagte: „Nein! Du musst – die Schule – besuchen. Das heißt Schulpflicht. Das bedeutet, – dass du – etwas lernen – musst. Rechnen – zum Beispiel. Obwohl ich das nicht ganz verstehe. Denn so gut – rechnen wie ich – wirst du – nie können!"
Tschomski strahlte mich stolz an, und ich musste lachen. Er hatte recht. Ich wollte ja eigentlich zur Schule gehen. Ich konnte schon ganz gut rechnen, lesen und schreiben. Es machte mir Spaß, noch mehr zu lernen. Wir machten viele spannende Sachen in der Schule – die wollte ich auf keinen Fall verpassen. Schon gar nicht wegen so einem Blödmann wie Tom.
Ich wurde immer neugieriger. Wie würde ich den nervigen Tom loswerden?
Ich sagte: „Ich will mich nicht mehr ärgern lassen! Ich habe genug davon! Tom nervt echt! Er hat mir mal Regenwürmer in die Butterbrotdose getan. Wirklich eklig. Was ist also die Lösung? Soll ich die Schule wechseln? Dann bin ich ihn los."

„Nein", sagte Tschomski. "Du hast – doch – Freunde da. Ladina – hast du – mal gesagt. Willst du – die alle – verlieren? Außerdem – hätte – Tom dann – gewonnen."

Damit hatte der kleine schlaue Roboter allerdings recht. Meine Freunde wollte ich nicht aufgeben und mühsam in einer anderen Schule neue finden. Und womöglich gab es auch dort jemanden, der mich ärgerte. Das war also keine Lösung.

Ungeduldig fragte ich: „Tschomski, jetzt sag schon! Was kann ich tun?"

„Du kannst – einem Erwachsenen – alles erzählen. – Deiner –Mama oder – deiner – Lehrerin! – Sie hilft dir dann!" Tschomski strahlte mich begeistert an, als hätte er gerade eine neue Rakete erfunden oder das beste Rennauto der Welt.

Ich war nicht ganz so sicher wie er, ob ein Erwachsener mir helfen könnte.

Darum sagte ich: „Tschomski, wenn ich mit meiner Lehrerin spreche, dann sagt Tom, dass ich ihn angeschwärzt habe. Und das stimmt ja auch."

„An-ge-schwärzt?", wiederholte Tschomski. „Du – willst – ihn anmalen?"

„Verpetzt! Das macht man nicht."

Tschomski war anderer Meinung. "Das ist – nicht petzen. – Du holst – dir Hilfe. – Und das – ist richtig – so. Jemand muss – Tom stoppen. – Was er tut, – ist falsch."

Ich überlegte. Damit hatte der kleine Roboter eigentlich recht.

"Aber Tschomski, wenn ich alles meiner Lehrerin sage ... Dann ist

Tom sicher noch wütender auf mich."
Der kleine Roboter sagte: „Das wissen – wir nicht. – Kann – sein. Kann auch – funktionieren. – Lass – Tschomski kurz – nachdenken."
Tschomski ratterte und surrte eine Weile. Ich kannte das mittleweile schon. So klang es, wenn der kleine Roboter stark nachdachte.
Dann hörte er auf zu rattern und sagte mit seiner blechernen Computerstimme: „Tschomski hat – eine noch – bessere – Lösung."
„Ja?", rief ich aufgeregt. "Was machen wir?"
„Den SGPP!", antwortete der kleine Roboter. Er klang ganz begeistert.
„Was ist der SGPP", fragte ich neugierig. „Nun sag schon! Muss man dir alles aus der Nase ziehen?!"
„Aus der – Nase – ziehen?", fragte Tschomski verdutzt.
Ich winkte ab. „Aus der Nase ziehen heisst, dass es elend lang dauert, bis du mir sagst, was SGPP bedeuten soll!"
„Das ist – der 'Sehr – Geheime Plan – Paul'", antwortete Tschomski. „Wir geben – dir eine – Geheimwaffe. – Mit ihr – bist du – stark."
Das klang toll. Ich wollte schon immer gern eine Geheimwaffe haben. Ihr könnt euch gar nicht vorstellen, wie gespannt ich jetzt war, mehr über SGPP zu erfahren! Einen sehr geheimen Plan mit meinem Namen! Aber der Plan ist so geheim, dass ich euch jetzt noch nicht verraten kann, was Tschomski heimlich mit mir übte. Alles über den 'Sehr Geheimen Plan Paul' erfahrt ihr im nächsten Kapitel.

10 DER «SEHR GEHEIME PLAN PAUL»

Um den sehr geheimen Plan Paul in die Tat umzusetzen, musste ich nur in die Schule gehen. Tschomski hatte mich dafür sehr gut vorbereitet und lange mit mir geübt, ein richtiges Training für Geheimagenten!

Ich ging also in die Schule. Ein bisschen nervös war ich schon. Würde der sehr geheime Plan Paul funktionieren? Würde ich nicht plötzlich Angst kriegen? Aber Tschomski hatte gesagt: „Wenn es nicht klappt, haben wir noch Plan B. Oder wir erfinden dann Plan C."

Als ich die Tür des Klassenzimmers öffnete, hörte ich mein Herz laut in meinen Ohren pochen. Und Tom wartete schon. Er saß auf seinem Pult und grinste mich frech an. „Ah, da kommt ja unser Langohr!"

Die anderen Kinder, die schon in der Klasse waren, wurden schlagartig still. Ich sagte nichts und setzte mich ruhig an meinen Platz. Aber, wie mit Tschomski besprochen, machte ich mich groß. Tom sprang vom Tisch und kickte meine Schultasche durch den Raum wie einen Fußball. Ich stand auf und holte meine Schultasche zurück. Da ging es los.

Tom sagte: „Ha, Flatterohr, du bist hässlich."

Ruhig antwortete ich: „Dann passen wir ja gut zusammen."

Tom starrte mich verblüfft an. Er war es nicht gewohnt, dass Kinder, die er ärgerte, antworteten. Und dann noch so! Offenbar brauchte sein Hirn einen Moment Zeit, das zu verarbeiten. Der sehr geheime Plan Paul begann zu wirken! Aber Tschomski hatte mich gewarnt, dass ich für Plan Paul Durchhaltevermögen brauchte. Und schon ging es weiter. Tom holte Luft und sagte: "Du stinkst doch, Dumbo!"

Ich schaute ihn direkt an und antwortete: „Ja, da sind wir schon zwei!" Das war die geheime Bumerang-Methode, mit der ich Toms Worte gegen ihn zurücklenken konnte. Ich war jetzt meine eigene Geheimwaffe! Die Kinder, die um uns herumstanden, begannen zu lachen. Und dieses Mal lachten sie nicht über mich. Sie lachten über Tom!

Toms Gesicht wurde lang und länger. Ich glaube, er wurde auch ein bisschen kleiner. Doch er versuchte es noch einmal: „Kannst du eigentlich auf deinen abstehenden Ohren sitzen? Muss gemütlich sein!"

Aber auch auf so etwas hatte Tschomski mich vorbereitet. Ich blieb ganz ruhig und sagte kühl wie ein Gletscher: „Witzig. Weißt du, wer nach dir gefragt hat?"

„Nein", sagte Tom.

„Kein Schwein!", antwortete ich klar und deutlich.

Da brachen alle Kinder in ein Riesengelächter aus. Es war so laut, dass ich fast glaube, das Klassenzimmer wackelte und bebte. 3:0 für mich!

Tom murmelte etwas, aber in diesem Moment kam Frau Thalbach herein. Sie wunderte sich kurz, warum wir es so lustig hatten, fing dann aber mit dem Unterricht an. Und das Beste: Als ich später nachhause ging, ließ Tom mich in Ruhe, so kleinlaut war er.

11 TSCHOMSKI UND ICH LERNEN HERRN MEIER KENNEN

Ich konnte es kaum glauben! Ich hatte Tom mit seinen eigenen Waffen geschlagen und seine Worte wie einen Bumerang auf ihn zurückgelenkt! Ich fühlte mich wie an meinem Geburtstag und lächelte den ganzen Weg von der Schultür bis zu unserem Haus. Tschomski wartete schon auf mich. Er sah mein Dauergrinsen und fragte: „Ist – alles – gut – gegangen?"

„Ja! Tschomski, es hat geklappt!"

„Hast du – daran – gedacht, aufrecht – dazusitzen – wie – ein König?"

„Ja!"

„Und – du – hast – immer – gesagt: Da – sind – wir – schon – zwei?"

„Ja", sagte ich. „Ich habe Toms Worte auf ihn zurückgelenkt wie einen Bumerang."

„Super!" Tschomski strahlte mich an.

Er warnte mich aber auch, dass ich diese neue Geheimwaffe vielleicht noch einige Tage oder Wochen lang einsetzen musste. Tschomski sagte: „Zur – Feier – des – Tages – möchte – Tschomski – dir – etwas – kochen. Was wünscht – du – dir?"

Da meine Mutter noch beim Einkaufen war, hatte ich nichts dagegen vor dem Mittagessen schon einmal eine Kleinigkeit zu futtern. Erfolg macht hungrig!

Also sagte ich: „Ein Hot dog oder ein Hamburger wäre cool." Ich wusste, dass wir für beides die Zutaten im Haus hatten. Tschomski

stampfte auf seinen platten Füßen eifrig in Richtung Küche, und ich ging in mein Zimmer.
Ich las gerade in einem spannenden Buch, als ich plötzlich ein seltsames Geräusch hörte. Was war das? Ein Winseln. Ein Winseln? Entsetzt sauste ich zur Küche. Moment mal, was hatte ich mir von dem kleinen Roboter gewünscht? Einen…Hot dog. Er würde doch nicht…? In der Küche saß ein kleiner schwarzer Hund an einer roten Leine. Tschomski stand daneben und fuchtelte mit zwei Brötchenhälften herum.
„Tschomski!", rief ich. „Was tust du da?"
Tschomski sah mich an. „Du – wolltest – doch – heißen – Hund - Hot dog!"
„Das ist nur der Name des Rezepts! Im Hot dog ist doch kein Hund!"
Tschomski blickte mich erschrocken an. Auf seinem Bauch-Bildschirm zogen blitzschnell Kochbuchseiten vorbei.
„Oh!", rief er, als er die Zutatenliste für Hot dog gefunden hatte. „Ach so – Würstchen, – nicht – Hund. – Entschuldigung, –Tschomski hat – das Rezept – nicht richtig – verstanden."
Puh, ich war bloß froh, dass ich rechtzeitig gekommen war, und Tschomski den Hund nicht bereits in die Mikrowelle oder den Backofen gesteckt hatte. Aber wo kam der Hund eigentlich her?
„Tschomski! Wem gehört dieser kleine Hund?"
Tschomski blickte ganz unschuldig drein. „Tschomski – weiß – das – nicht."
„Woher hast du den Hund?"
„Vom – Supermarkt. Tschomski – hat – keinen – Hund – im

Kühlschrank – gefunden. – Lebensmittel – kauft – man – im Supermarkt. – Der Hund – war dort – vor – der – Tür."
„Oh Mann!", rief ich.
„Nein – da – war – kein – Mann," erwiderte der kleine Roboter. „Nur – der – Hund – an – der Leine".
„Ja, klar," rief ich. „Hunde dürfen nicht in den Supermarkt! Sie müssen draußen warten, bis das Herrchen oder Frauchen zurückkommt!"
„Herrchen?", wollte Tschomksi schon fragen, aber ich winkte ungeduldig ab: „So nennt man einen Hundebesitzer!"
Herrje, wusste dieser Roboter denn gar nichts von unserer Welt? Musste ich ihm alles erklären? Doch als erstes musste ich etwas wegen des Hundes unternehmen. Bestimmt war der Besitzer oder die Besitzerin schon ganz traurig. Auch der Hund selbst blickte irgendwie verwirrt drein. Er hatte sicher noch nie einen Roboter gesehen und fragte sich, wo er hier war. Ich sah mir das kleine Tier genauer an und fand an seinem Hals eine Hundemarke. "Herr Meier" stand darauf. War das der Name des Hundes oder des Herrchens?
Doch Tschomski dachte schneller nach als ich. Er sagte: „Wir – müssen – mit – dem Hund – schnell – zurück – zum Supermarkt!"
Ich schrieb meiner Mutter rasch einen Zettel, dass ich gleich wieder da sein würde.
Tschomski sagte: „Drei Minuten zwanzig!"
„Wie bitte?", fragte ich.
Tschomski antwortete: „Das – ist – die Zeit – die Tschomki – zum Super – markt – braucht, – wenn – er – rennt!"
Und so machten wir es. Tschomski und ich flitzten mit dem Hund an

der Leine zum Supermarkt, so schnell der kleine Roboter laufen konnte. Ehrlich gesagt, war das nicht sehr schnell. Sport zählte definitiv nicht zu Tschomskis besten Fähigkeiten. Tschomskis kleine Plattfüße machten klackernde Geräusche auf dem Gehsteig, und das Hündchen bellte aufgeregt. Hoffentlich war das Frauchen oder das Herrchen des Hundes noch dort! Gerade kamen einige Leute aus dem Supermarkt.
„Herr Meier!", rief ich versuchsweise. Niemand der Männer vor dem Laden reagierte. Aber der kleine Hund leckte an meiner Hand. „Herr Meier?", sagte ich nochmals. Der Hund wedelte mit dem Schwanz und sprang begeistert an mir hoch. Bestimmt erwartete er jetzt ein Leckerli.
„Der Hund heißt Herr Meier", sagte ich zu Tschomski.
Der kleine Roboter antwortete: „Dann – suchen – wir – jetzt – Herrn Meiers Besitzer!"
„Bleib du mit Herrn Meier hier", sagte ich. „Ich gehe hinein. Vielleicht ist der Besitzer noch im Supermarkt."
Ich sauste durch die Doppeltür in den Supermarkt.
Plötzlich hörte ich hinter mir eine Roboterstimme: „Paul! – Geh zum – Hunde – futter!"
Ich verstand sofort! Das Herrchen oder Frauchen von Herrn Maier würde sicher auch Futter für ihn kaufen. Ich wusste, wo das Regal mit der Tiernahrung war, und eilte dort hin. Vor einem riesigen Dosenturm der Marke „Glücklicher Hund" stand eine Frau mit roten Haaren.
Ich sprach sie an: „Entschuldigung, ich bin Paul. Haben Sie einen Hund, der Herr Meier heißt?"

„Ja", sagte die Rothaarige. „Warum?"

Puh, Glück gehabt, ich hatte Herrn Meiers Frauchen gefunden!

„Er hatte sich losgerissen, und ich habe ihn gefunden", log ich rasch. „Kommen Sie!"

Da legte die rothaarige Frau das Hundefutter in ihren schon ziemlich vollen Einkaufswagen, ging schnell bezahlen und folgte mir aus dem Supermarkt.

„Oh, ein Roboter hält die Leine von Herrn Meier!", rief sie, als sie Tschomski erblickte.

Ich musste lachen. „Ja, das ist meiner", erklärte ich schnell.

Herr Meier bellte und sprach an seinem Frauchen hoch. Er war offenbar sehr glücklich, sie wieder zu sehen. Herrn Meiers Frauchen war ebenfalls froh. Sie war so glücklich, dass ihm nichts geschehen war, dass sie gar nicht weiter nachfragte. Tschomski und ich verabschiedeten uns von den beiden und gingen sehr zufrieden nachhause. Dann machten wir zusammen einen Hot Dog. Ganz ohne Hund, nur mit Wurst.

12 Ich setze nochmals den SGPP ein

Als ich am nächsten Tag in die Schule ging, war ich gespannt: Würde Tom es nochmals wagen, mich zu ärgern? Zur Sicherheit hatte Tschomski mit mir nochmals die Bumerang-Waffe geübt. Es ist gar nicht so leicht, sich genau zu merken, was man antworten soll. Daher waren meine Hände ein bisschen feucht, als ich den Klassenraum betrat.

Dieses Mal saß Tom auf seinem eigenen Platz, und ich konnte ungestört zu meiner Bank gehen und mich setzen. Ladina lächelte mich an. Ich glaube, sie fand es auch ganz schön cool, wie ich das letzte Mal geantwortet hatte. Tom blickte eine Weile vor sich hin, dann drehte er sich zu mir um. „Paul, deine Ohren sind hässlich! Gibt's dich auch in schön?"

Ich stand auf, sah ihm ins Gesicht und sagte: „Gibt's dich denn in intelligent?"

Ich sage euch, Tom machte einen Mund wie ein Schwarzes Loch vor lauter Staunen! Einige Kinder kicherten. Eine Antwort auf diesen Satz fiel Tom nicht ein. Er gab aber noch nicht auf. „Du bist wirklich das Letzte!", sagte er.

„Ja?", fragte ich.

„Ja!", wiederholte Tom.

„Das ist logisch", antwortete ich laut und deutlich, so dass alle es hören konnten. „Das Beste kommt zum Schluss!"

Die Kinder, die schon im Klassenzimmer waren, brachen in schallendes Gelächter aus. Tom drehte sich wütend nach vorne um.

Ihm fiel nichts mehr ein. Den Rest des Schultags ließ er mich in Ruhe. Besser so für ihn! Denn ich hatte jetzt ja eine Geheimwaffe. Sie hieß „Bumerang-Antwort".
Ich ging sehr fröhlich nachhause und berichtete Tschomski alles.
Tschomskis kleiner Mund wurde ganz groß, als er hörte, dass unser SGPP, der 'Sehr Geheime Plan Paul' bestens geklappt hatte. Der kleine Roboter freute sich sehr und versuchte, mir mit seiner kleinen weißen Hand auf die Schulter zu klopfen – was nur funktionierte, weil ich ihm helfen wollte und ziemlich in die Knie ging.
„Ich bin so froh, ich könnte Bäume ausreißen!", rief ich.
Tschomski starrte mich entsetzt an. „Die – armen – Bäume! – Aber – Bäume – sind doch – wichtig für – euch Menschen! – Sie – produzieren Sauerstoff, – und den – braucht ihr – zum Atmen! – Auch – habe ich gelernt, – dass – ihr – sie – schön – findet!"
Ich musste lachen. „Tschomski, das ist nicht wörtlich gemeint. Das ist eine Redewendung, und sie bedeutet, dass man sich stark fühlt. Oder eben freut."
Der kleine Roboter machte ein schmales Mündchen und sagte empört: „Ihr – Menschen – seid – kompliziert! Sagt – doch einfach, – was ihr – meint! - Bäume – ausreißen – also wirklich!"
Ich kicherte, dann sagte ich: „Tschomski, glaubst du eigentlich, dass Tom mich jetzt in Ruhe lässt?"
Der kleine Roboter drückte auf die linke Taste auf seinem Bauch. „Tschomski – rechnet!"
„Was machst du da genau?", fragte ich den kleinen Roboter.
„Tschomski – versucht – Toms – Verhalten – zu – berechnen! Ist –

kompliziert. Wahr – scheinlich – keits – berechnung."

„Oh!" Ehrfürchtig schwieg ich. Was würde dabei herauskommen? Es ratterte im Inneren von Tschomskis Bauch, klackerte und surrte. Die Geräusche schienen immer lauter zu werden, der ganze Roboter begann zu wackeln.

„Tschomski!?“, rief ich besorgt. Doch das Klappern und Rattern ging weiter, minutenlang. Zahlen zogen über das Display auf dem Bauch des Roboters, Nullen und Einsen:

01 11 00 01 10v01 11 00 01 1001 11 000101 11 00 01 1001 11 00 01 1001 11 00 01 1001 11 00 01 10 1011110001100000000000000000111110000001111001101100000 000000 01 11 00 01 1001 11 00 01 1001 11 00 01 1001 11 00 01 1001 11 00 01 1001 11 00 01 1001 11 00 01 1001 11 00 01 1011000011011110001100000000000111110000001111001101100

0001011110001100000000000000001111100000011110011011 00

Die Zahlen wurden immer schneller und schneller, bis ich nur noch schwarze Striche sah, die mit einem Höllentempo erschienen und wieder verschwanden. Dann endeten die Geräusche, der Bildschirm wurde dunkel, und Tschomski hörte auf zu rattern. Der kleine Roboter war endlich fertig mit der Rechnerei. Auf seinem Bauch-Bildschirm erschien ein großes:

„Tschomski? Was ist das Ergebnis? Los, sag schon!", fragte ich ungeduldig.

Der kleine Roboter antwortete traurig: „Leider – kann – Tschomski – jemanden – wie Tom – nicht – berechnen."

„Warum nicht?", wollte ich wissen.

Ich war enttäuscht. Zu gern hätte ich gewusst, ob Tom mich nun endlich in Ruhe lassen würde.

„Tom ist – zu unlogisch", sagte Tschomski. „Jemanden – zu ärgern, weil – er – ein – wenig – anders – ist – als – andere, – ist – dummes und – unlogisches – Verhalten. Ihr Menschen seid doch alle verschieden. – Tschomski – kann – nur – logische – Sachen – rechnen. – Leider."

Da blieb mir wohl nichts anderes übrig, als weiterhin vorsichtig zu sein, wenn ich zur Schule ging.

13 ICH HABE KEINE SCHRAUBE LOCKER

In den nächsten Tagen ließ Tom mich in Ruhe. Das war so schön wie Weihnachten. Na ja, fast.

Doch Tom war anscheinend nicht zufrieden, wenn er nicht jemanden ärgern konnte. Er suchte sich ein neues Opfer. An einem Montag versuchte Tom, Anja zu ärgern. Anja ist auch in meiner Klasse und hat rote Haare. Aber ist das ein Grund jemanden zu ärgern, frage ich euch? Nein, natürlich nicht! Jedenfalls schubste Tom Anja und sagte: „Hoppla, dein Kopf steht in Flammen! Bist du hässlich!"

Anja ließ sich das nicht gefallen. Sie antwortete ganz lässig wie ein Superstar: „Da sind wir schon zwei!"

Alle Kinder, die das hörten, brachen in ein Riesengelächter aus! Anja hatte die Bumerang-Methode angewendet. Anscheinend hatte sie gut aufgepasst. Tom blickte ziemlich finster drein, weil er darauf keine Antwort wusste und Anja sich offenbar nicht ärgerte.

Und noch etwas passierte: In der nächsten Pause wollte niemand mit Tom spielen. Die anderen Kinder fanden es blöd, dass er immer jemanden ärgern musste, und hatten genug von ihm. Auch hatte niemand mehr so richtig Angst vor ihm – man konnte ihn ja mit Worten besiegen!

Wir spielten Fangen, und Tom stand jetzt allein in einer Ecke. Er tat so, als ob er gar nicht mitspielen wolle. Aber ich sah es an seinem Blick – er wäre gern dabei gewesen. Da tat er mir fast schon wieder leid.

In der nächsten Stunde hatten wir in Mathe einen wichtigen Test. Da

ich hinter Tom sitze, hörte ich, wie er zu seinem Nachbarn Leon sagte: „Mist! Ich habe den Test total vergessen! Ich habe nichts gelernt! Mein Vater wird fuchsteufelswild, wenn ich den Test vermassle."
Leon zuckte nur die Schultern. Tom hatte auch ihn schon geärgert, deswegen hatte er nicht viel Mitleid. Frau Thalbach teilte die Blätter aus. Ich sah, dass die Aufgaben ganz leicht waren, und schrieb die ersten Lösungen hin. Vor mir rutschte Tom nervös auf seinem Stuhl herum. Ich hörte ihn murmeln: „Das kann ich nicht. Eine totale Katastrophe ist das!" Er sah sich verzweifelt um.
Da hatte ich eine Idee. Ich wartete, bis unsere Lehrerin Frau Thalbach an die Tafel schrieb, wieviel Zeit wir noch hätten. Dann wisperte ich: „Psst, Tom!"
Tom drehte sich um, und ich zeigte ihn schnell mein Blatt. Er begann ganz schnell die richtigen Zahlen von mir abzuschreiben. Es war riskant, denn Frau Thalbach würde sich bald wieder zu uns umdrehen. Doch sie merkte nichts – als sie sich zu uns umdrehte, schrieben Tom und ich mit gesenkten Köpfen den Test zuende.
Zuhause erzählte ich Tschomski atemlos von meinem spannenden Schultag.
„Du – hast – deinem – Feind – geholfen?", fragte Tschomski und machte vor Staunen einen riesigen kreisrunden Mund.
Ich dachte darüber nach. War Tom mein Feind? Vielleicht. „Er hat mir leidgetan. Er ist sonst gut in der Schule, und hat den Test einfach vergessen. Sein Vater ist ziemlich streng."

14 KAUGUMMI UND FREUNDSCHAFT

Am nächsten Tag gab uns Frau Thalbach den Mathetest zurück. Ich hatte alles gewusst – eine glatte Eins. Und Tom hatte immerhin eine Drei bekommen. Ich konnte sein Blatt von meinem Platz aus sehen.
In der Pause kam Tom zu mir herüber. Ich begann in Gedanken schon die Geheimsätze des Sehr Geheimen Plans vor mich hinzusprechen. Ich dachte natürlich, dass Tom mich mal wieder ärgern wolle. Doch Tom stellte sich ganz lässig neben mich und sagte eine Weile nichts.
Dann bot er mir einen Kaugummi an und murmelte: „Danke."
„Ich fand es unfair, weil ich weiß, dass du sonst alles in der Schule gut kannst", antwortete ich.
„Diesen blödsinnigen Test hatte ich komplett verschwitzt", schimpfte Tom, und ich musste lachen, weil er in die Luft ging wie eine Rakete.
„Kann passieren. Hat ja noch mal geklappt", sagte ich.
„Mein Vater wäre explodiert!", stöhnte Tom.
Von da an waren wir Freunde.

Als ich am Abend Tschomski erzählte, was geschehen war, fragte er erstaunt: „Freunde?"
„Ja". Ich lächelte.
„Ihr Menschen habt – doch – eine Schraube – locker", sagte Tschomki. „Nein, – ihr habt – **alle** – Schrauben – locker. Und – sie sind – obendrein – rostig!"
„Nein, wir haben keine Schrauben, aber wir haben ein Herz!",

entgegnete ich. Da mussten wir lachen.

Tschomkis Lachen klang ziemlich scheppernd – das muss er noch üben.

ENDE

ÜBER DIE AUTORIN

Andrea Günther liebt fantasievolle Geschichten aller Art. Als ihr Sohn immer Roboter spielte, hatte sie die Idee zu «Tschomski». Wenn Ihnen die Geschichte gefallen hat, lassen Sie gern eine Rezension da. Das freut Tschomski ...!

Impressum
Andrea Günther
Buechstuden 22
9056 Gais
Schweiz
www.andreaguenther.ch
info@andreaguenther.ch

Printed in Poland
by Amazon Fulfillment
Poland Sp. z o.o., Wrocław

49426052R00039